藍學堂

學習・奇趣・輕鬆讀

JUST KEEP BUYING

Proven Ways to Save Money And Build Your Wealth

持續買進

資料科學家的投資終極解答，
存錢及致富的實證方法

尼克·馬朱利 Nick Maggiulli 著

李芳齡 譯

各界好評

「本書是理論與實務的理想結合！馬朱利不僅用證據證明他的建議，他也最擅長歸結出容易了解與應用的概念。」

──暢銷書《原子習慣》（*Atomic Habits*）作者詹姆斯·克利爾（James Clear）

「我首次閱讀馬朱利的文章，就知道他有種特殊天賦。優秀的資料科學家很多，優秀的說故事者也不少，但少有人能像尼克這樣，既了解資料，又能引據資料說出令人信服的故事。這是一本必讀佳作。」

──暢銷書《致富心態》（*The Psychology of Money*）
作者摩根·豪瑟（Morgan Housel）

「馬朱利顯然喜歡嘲諷那些有關於個人理財的公認智慧之見，本書處處是靈光一閃時刻及實用訣竅，同為個人理財作家，我閱讀本書時，又嫉妒又羨慕。如何好好儲蓄與投資是個老掉牙的主題，但尼克把這些主題談得新意盎然，還增添了不少趣味。」

──晨星公司（Morningstar）個人理財顧問克莉絲汀·本茲（Christine Benz）

「尼克有一種天賦，他用嚴謹的實證來佐證他的道理，但他的論述能夠緊抓住讀者的注意力，並提供務實可行的建議。他也淘氣地挑戰某些關於投資的根深柢固假說，但他採用的方法是把實證資料說成新鮮、有趣的故事。不論是投資新手或老鳥，都能從尼克提出的實用投資概念與方法中獲益。」

──歐肯內西資產管理公司（OSAM LLC）創辦人暨董事會主席
詹姆斯·歐肯內西（James O'Shaughnessy）

理財的兩個任務：「認真工作提升儲蓄率」和「認真買、持續買」

股魚／智富專欄作家

投資理財經常淪為一場投機行為，原因無他，本金不夠、目標太大，就算有了超高的報酬率，也難以累積足夠的資金，而靠著所謂長期「存股」緩慢的成長速度，讓人從熱情轉為失望，最後走向短線交易的戰場。

在各地演講的過程中，常有人問：「沒有錢的話，該怎麼進行投資呢？」，我的腦中會閃過很多的問號，沒錢當然是要去工作賺錢，不然哪來的錢呢？每個人的起步大多相同，透過勤奮工作累積第一桶金、想辦法拉高儲蓄率以加速進程，也有人會進一步記帳來控制金錢流向，減少非必要性浪費。而作者所說的：「最牢靠的致富之道是增加收入、投資於生財資產」，我是很認同的。

從某種角度上來看，個人的收入的增長具有高度價值。在職場中透過職務調整、年資累積或是跳槽等手段，可以讓薪資逐漸成長，以年輕人初入社會由每月 4 萬元薪資起步來看，相當於年薪 52 萬〔4 萬 ×（12 個月薪資＋1 個月獎金）〕。若要透過投資產生 52 萬的收入，相當於是一個 52 萬 / 5% 收益率＝1,040 萬的投資組合。

　　沒想到吧！初入社會的年輕人相當是千萬級的投資組合，要是每個月薪水再多投入 5,000 元，就相當於這個投資組合增加到 1,170 萬。與其在一開始連第一桶金都沒有的狀況就去投資，倒不如透過工作讓薪資增長，效率還來的更好。

　　而股市有句話說：「本小利大，利不大；本大利小，利不小」，這就告訴我們，沒有足夠的資金投入市場，不管再怎麼努力提升報酬，也難有良好的獲利數字。更進一步來看，本金不夠，則投資的視野也會跟著限縮，難以了解投資策略的真諦。

　　舉例來說，只有 10 萬的人進行投資，腦袋想的都是 all in。資金有 2,000 萬的人進行投資，想的是怎麼合理控制風險。一樣的 10% 震盪，結果實在是差太多了。所以在投資這件事情上，我認為先好好工作，至少有一桶金之後再投資，會是一個好的選擇。

　　在步入市場後，開始面對各種投資的選項，像是個股、債券、黃金、原物料、貨幣、REITs 等，一旦開始涉及到價格，難免會想用最低價格來佈局。我常跟學員說：「每個人都想當那個買在最低價的天選之人，事實的結果往往是在等待中蹉跎。」

　　我說個故事給各位聽聽：曾經有位朋友深信市場終究有大回檔的時候，手中的資金要等到大回檔出現時重壓，讓財富重分配到他身上。在 2020 年時，這個機會終於出現了──Covid-19 疫情爆發，全球股市重挫──他難掩興奮的告訴我：「你看，終於讓我等到了！」，我問他那何時要重壓呢？他說道，上次的經驗是市場會重挫後出現短暫回溫，之後再一次下跌且跌得更深時（他以 2008 年的金融風暴作為範本），才是最佳時機。

　　後來的故事，我想各位都知道了。並沒有所謂的再一次下跌，在全球央行的聯手降息下，市場迎來 V 型反轉，股市更是創下新高水準，之後更將這股氣勢延續到了 2022 年 2 月後才開始因庫存問題爆發而修正。

那位朋友呢？有實現財富重分配了嗎？因為他後來不願意再跟我討論這件事情，就沒了下文。根據我從其他朋友的側面了解，那時他一直在等待再次下跌的修正，眼睜睜的錯過這次多年難得一見的大行情。

這件事情的省思是什麼？那就是不要企圖當那個天選之人，偶爾的幸運並不會一再地出現。而作者也提出了定期投入與每次都買在最低點的比較，定期投入的人輸了嗎？並沒有，持續留在市場、持續買進累積部位，所得的獲利更加豐碩。

所以投資是不是一件很難的事情呢？這取決於是否有特別的想法（例如只想在最低點 all in），如果沒有，其實書中也告訴我們，投資簡單的致勝之道就是「買指數產品少碰個股、持續買進、有閒錢就投入、愈早開始愈好」。看似簡單，執行起來卻不簡單，這就是所謂的知易行難。

無論如何，這本書揭露了許多投資的真相，也告訴我們在每一階段有哪些要注意的想法，可以讓我們少走很多冤枉路！

透過數據來分析投資、
充滿說服力的一本書

陳逸朴／「小資 YP 投資理財筆記」站長

　　從 2020 年的 Covid-19 疫情開始，世界產生許多變化，尤其是股票市場，許多投資人面臨前所未見的險峻疫情，油然而生的恐慌與害怕蔓延出更多下跌的擔憂，眾多投資者紛紛賣出手中持股，股票市場傾瀉而下。儘管後來市場迎來史上最短暫的熊市，但這些短暫卻深刻的惡夢，讓初入市場的投資人著實慌了手腳，不只如此，經過大印鈔的救市政策，正讓全球市場面臨大通膨的局面，換句話說，無論你是否在過去有參與投資市場的活動，我們正活在一個高通膨的時代。

　　今年初，台灣消費者物價指數的年增率更是來到 3%，即便你可能不熟悉這個數字，但我們從日常的食衣住行，深刻體驗到物價上漲的變化，今年的許多固定花費，往往比起過去高出 10% 以上，假如收入跟不上通膨漲幅，實質購買力將會大幅下降，我們努力辛苦工作，並不希望生活水平逐年下降，因此，抗通膨，是我們需要投資的重要理由之一。

　　問題是，市面上投資方法千萬種，日常新聞又不時報導投資人輸光了積蓄、抑或是賠光了家產，導致投資理財是多數人想碰觸又害怕的議題。

究竟該如何開始投資呢？

我認為這本《持續買進》可以給予一個明確的方向。此書涉獵的投資理財議題相當廣泛，除了能帶給讀者許多想法與省思之外，有一點更令我欣賞，書中充滿大量的數據圖表論證，在嚴謹的邏輯分析下，比起單純感性的文字，數字更是讓此書充滿說服力。

此書分為理財與投資兩大部分，首先從財富的根源——儲蓄兩字開始，除了告訴讀者應該要存多少錢之外，還分享了其他書籍較少著墨的一點，那就是如何存更多錢的方式：增加收入。比起單純使用省錢的方式加速儲蓄，書中更是說明增加收入所帶來的效益更為顯著。換句話說，作者不只告訴人們關於儲蓄的目標該如何制訂，更提供生活中賺更多錢的方法。

當人們能藉由理財的方式，留下資金替未來的自己儲蓄以及投資時，買下整體市場的指數化投資，拒絕挑選個股，往往是散戶的最佳投資方式。尤其書中提出許多數據佐證，比如 SPIVA 對於主動選股基金的經理人績效進行分析比較，五年的投資時間，就有 75% 的基金輸給市場的報酬，四位專業的基金經理就有三位輸給散戶可以輕鬆獲取的市場報酬，實在沒有不選擇指數投資的理由。

然而，指數化投資除了獲取市場平均報酬外，還需要持續地買入持有，背後的涵義是不需要擇時，有錢就買入，這種作法非常違反直覺，對於當初實行指數投資的我來說，也感到不適，但此書的厲害之處，在於總是會模擬不同情境，透過數字呈現每項決策的優與劣，書中數據更是表明，抄底或是遞延投入的方式，多數是行不通的，盡早投資並且持續地買，才會帶來更好的結果。

人的一生，時間是有限的，當我們將寶貴的時間與精力用於投資，其實這不是投資，而是另一項工作，美好的人生回憶與經驗，是需要時

間創造的,本書所闡述的內容,正是實現此目標的方法之一。

如果你不知道該如何踏入理財的領域,如果你想知道如何花費最少的投資時間、將更有價值的時間留給自己去運用,我相信你能從此書中找到答案。

目次

第1部｜儲蓄

第2部 | 投資

第 21 章 ｜ 最重要的資產　　　250

■ 愚公移山
■ 我們以成長股展開人生，以價值股終結人生

如何使用本書

本書的篇章結構方式可以節省你的時間，你可以從頭到尾順章閱讀，但你也可能會發現，對你更實用的方式是跳讀最吻合你的創造財富旅程目前處境的那幾章。

本書區分成兩個部分——儲蓄與投資。儲蓄這部分涵蓋存錢的所有層面，包括：該存多少錢；如何存更多錢；如何無罪惡感地花錢等等。投資部分則涵蓋用錢生財的許多層面，包括：為何你應該投資；應該投資什麼；應該多常投資等等。

這樣的安排讓你可以快速找到及應用所需資訊，若你不需要關於儲蓄方面的建議，就略過那部分，我不會介意，我寧願你找到對你有助益的內容，而不是完全棄讀。

若你想要快速獲得本書的重點概念及實用建議，可以直接閱讀本書的結語。

前言

　　我去世的祖父對賽馬賭博上癮，小時候，他常帶我去洛杉磯郡農業博覽會（Los Angeles County Fair）觀看良種馬，看那些名為「偉壯馬克」、「越獄」等等的駿馬在跑道上奔馳。後來我才知道，當時看到的那種狂野娛樂，其實是困頓了我祖父一生的賭博。

　　他的賭癮始於賽馬，但最終推進至賭牌，二十一點，百家樂，牌九……你說得出來的賭牌種類，他全玩過，其中有些我從未聽過，但他熟稔得很。而且，他下賭注的樣子，彷彿他賭技高超，毫不手軟，一把25美元，50美元，有時75美元，大把大把的錢揮霍在賭牌上。

　　你得知道一點，當時，我祖父已經退休了，和他的母親（也就是我的曾祖母）同住，吃住都是她在付錢。我祖父55歲時退休，一開始，每個月領1,000美元退休金，七年後開始領社會安全福利金，每個月增加了1,200美元的收入。

　　儘管每個月有2,200美元的收入，且幾乎沒生活成本，但2019年5月過世時，他名下沒有任何資產。二十六年的退休生活，他全都在賭博中揮霍掉了。

　　若我祖父把一半的退休金（他在賭博中揮霍掉的錢）投資於美國股市呢？他過世時將是百萬富翁。就算把半數的退休金揮霍在賭桌上，但另外半數的錢投資於股市，這投資成長仍然可以為他創造財富。

　　儘管，他的投資有相當大的部分將是在美國股市史中最糟糕的時期之一（2000年至2009年期間）做出的，這並不會對他的投資財富累積造成多少影響，不會改變他創造可觀財富的事實。我祖父可以藉著持續

每月投資來抵消賭債，創造財富。你或許沒有嚴重的賭癮，但遵循這個理念，你也可以創造財富。

祖父去世之前幾年，我偶然間發現這概念，這概念只有三個字，卻能使你致富：

Just Keep Buying（持續買進就對了）。

這是改變我的人生的座右銘。

三個字的頓悟

從小到大，我對金錢或如何賺錢都沒概念。我不知道「summer」這個字也可以當動詞（即度夏，避暑），我不知道「股利、股息、紅利」是什麼，哎呀，此生至今的泰半時間，我一直以為時時樂（Sizzler）和紅龍蝦（Red Lobster）是高檔餐廳呢！

我的父母是辛勤的勞工，但他們都是大學中輟生，從未學過投資，所以，我也沒學過。事實上，上大學後，我才真正了解到股票是啥。

不過，學習投資並不足以解決我的財務問題，因為我雖然接受好的教育，大學畢業後，我的理財生活仍然充滿不確定性及壓力，我質疑幾乎我所作的每一個財務決策。

我該投資於什麼？我的儲蓄率夠嗎？我應該現在買進，還是繼續觀望、等候？

到了 20 多歲，我仍然對財務緊張兮兮，此時的我已經是完全的成年人了，展開了職涯，掌控自己的生活，但我仍然無法讓腦海中的聲音安靜下來，對於錢的不確定感依舊困擾著我。

於是，我開始閱讀我能找到的所有關於錢和投資的東西。我流連於線上論壇，閱讀波克夏公司（Berkshire Hathaway）的每一封致股東信，鑽研晦澀難懂的財金史書的註解。這些很有幫助，但我仍然不確定接下來該做什麼。

2017 年初，我決定開始撰寫有關於個人理財與投資的文章，想藉此強迫自己去搞懂這些東西。

過沒多久，我看到凱西・內斯泰（Casey Neistat）的一支 YouTube 影片，這改變了一切。

這支影片標題為「幫我贏得三百萬個訂閱戶的三個字」，講述內斯泰如何使用 YouTube 頻道經營者羅曼・艾伍德（Roman Atwood）給他的三字建議，使他的頻道成長至擁有三百萬個訂閱戶。這三個字是：Just Keep Uploading（繼續上傳影片就對了）。雖然，內斯泰談的是如何壯大 YouTube 頻道粉絲群，但我立刻看出這道理可應用於投資與創造財富。

看到這支影片的幾週前，我對美國股市做了一些研究與分析，發現一個至理：想創造財富，不必在意該在何時購買美國股票，只要買進，並且持續買，就行了。市場估值高或低，處於牛市或熊市，這些都不打緊，持續買進就對了。

把這個洞察和內斯泰的 YouTube 影片建議結合起來，便誕生了「持續買進就對了」這句箴言。奉行這個理念將能使你的財務大大好轉。

積極的平均成本法

我說的是持續買進多種多樣的生財資產（income-producing assets）。我所謂的生財資產，指的是那些你期望在長遠的未來能為你產生收入的資產，那些收入可能直接支付給你，還能傳承給後輩。這類資產包括股票、債券、不動產等等，但策略細節並不是非常重要。

何時買，買多少，或買什麼，這些其實不是很重要，重點在於持續買進。這概念似乎很簡單，的確，因為它就是很簡單，把投資的錢變成一種像是付租金或房貸的習慣。把購買投資資產變成如同買食物，且經常這麼買。

這種方法的正式名稱是「平均成本法」（dollar-cost averaging，簡稱

DCA），亦即長期、定期購買資產。平均成本法和持續買進的唯一差別是，後者有內建的心理動機。

持續買進是一種**積極的**投資法，讓你輕鬆容易地創造財富。你可以把它想成在山丘上向下滾雪球，持續買，看著雪球愈滾愈大。

事實上，現在開始持續買，比以往史上的任何時候都更為容易。

為什麼？

因為若你在二十年前實行這建議，這一路下來，累積的費用和交易成本將相當可觀。1990 年代，每筆交易得花 8 美元的費用，持續買的話，很快就累積了昂貴費用。

但情況已經改變了。現在有許多免費交易的大型投資平台，可以投資零股，很便宜地多樣化分散風險，這使得「持續買進」這種方法享有空前的優勢。

現在，你可以購買一股的 S&P 500 指數型基金（S&P 500 index fund），讓每一家美國的大型上市公司的所有員工為你賺錢，使你變得更富有。若你購買的是國際指數型基金，那就是世界其他地方的所有或大多數上市公司也在為你賺錢。

只需少少的錢，你就能擁有人類文明的未來經濟成長大餅的一小塊，經濟成長將讓你世世代代創造財富。這並非純粹是我個人的見解，有超過一世紀、來自各地區、各種資產類別的歷史資料可資佐證。

解答個人理財的常見疑問

當然啦，「持續買進就對了」只是你的理財旅程的開端，它雖簡單，但我知道，光是這幾字箴言並不足以解答你在理財旅程中將出現的所有疑問，所以，我撰寫了這本書。

我將在本書中回答個人理財與投資領域中最常見到的問題，每一章深入探討一個主題，並提供可行的訣竅，你馬上就能應用在你的理財生

活中。

最重要的是,這些疑問的解答是有資料和實證作為根據的,不是純粹的信念及推測。不過,這也意味著我的結論將和某些主流理財建議背道而馳,有些結論甚至可能令你大感意外。

舉例而言,我將在後續各章解釋:

- 為什麼你需要存的錢比你以為的還要少;
- 為什麼信用卡卡債未必是壞事;
- 為什麼繼續存錢,等到逢低才買進,並不是一個好建議;
- 為什麼你不該購買個股,以及為什麼這跟個股表現比大盤表現差無關;
- 為什麼重大的市場回檔修正通常是買進的好時機。

我的目的並非要刻意引發爭議,而是要使用資料來挖掘真相——不論真相是什麼。

本書提出有資料佐證而可靠的存錢及創造財富的方法,遵循本書建議的策略,你將能更明智的行動,過更富有的生活。

我們首先探討「你該從何處開始?」,我將在第 1 章說明,你應該根據目前的財務狀況來決定現在應該把重點放在存錢還是投資。

第 1 章

你該從何處開始？

窮人的重點應該放在存錢，
富人的重點應該放在投資

我 23 歲時自以為已經知道如何創造財富的答案了，包括尋找及維持低手續費，多樣化分散風險，長期持有——這些是我從華倫‧巴菲特（Warren Buffett）、威廉‧伯恩斯坦（William Bernstein）、約翰‧柏格（John "Jack" Bogle）之類的投資傳奇人物那裡多次聽到的建議。這些建議沒有錯，但它們使剛從大學畢業的我在投資理財上搞錯重點。

當時，我的退休金帳戶裡只有 1,000 美元，接下來一年間，我花了數百小時分析我的投資決策。我在 Excel 試算表上填入淨值預測和預期報酬，天天檢查我的帳戶餘額，我質疑我的投資資產配置，已經到了神經兮兮的地步。我應該把 15% 的錢投資於債券嗎？還是 20%？為什麼不是 10%？我像無頭蒼蠅般到處亂飛。俗話說：「年輕人才會鬼迷心竅」，這話套在我身上，真是再貼切不過了。

可是，儘管我緊盯著我的投資，卻沒花時間去分析我的收入或支出。我經常和同事外出晚餐，點了一回合又一回合的酒，然後搭優步

（Uber）回家。當時我居住於舊金山，在那裡，一晚花上 100 美元是稀鬆平常的事。

想想這行為有多愚蠢啊，我名下只有 1,000 美元的可投資資產，就算年報酬率 10%，一年也只能為我賺進 100 美元，而 100 美元經常一晚就和朋友揮霍掉！晚餐加上酒，加上交通費，我一整年的投資報酬（還得是好年冬之下的投資報酬率）就這麼沒了！

省下一晚在舊金山的外出聚餐，就能為我留下當時一整年的投資報酬了。你能看出何以我的財務狀況如此糟糕了吧？巴菲特、柏格和伯恩斯坦也救不了我了。

拿這來相較於有 1,000 萬美元可投資資產的人，若資產價值下跌 10%，那就是損失 100 萬美元，你想，他們一年能存 100 萬美元嗎？非常不可能，除非他們有很高的所得，否則年儲蓄絕對比不上他們的投資資產價值的尋常波動。所以，比起只有 1,000 美元可投資資產的人，有 1,000 萬美元可投資資產的人更應該多花時間去思考他們的投資選擇。

這些例子顯示，你應該把重點擺在哪裡，取決於你目前的財務狀況。若你沒有多少錢可以投資，重點應該是增加你的儲蓄（然後執行）；但若你已經有可觀的資產，你應該花較多時間思考投資計畫細節。

更簡單地說：**窮人的重點應該放在存錢，富人的重點應該放在投資。**

別太字面看待這句話的意思，這裡所謂的「窮人」與「富人」，兼具絕對和相對的意思，例如，身為剛從大學畢業、在舊金山與同事外出晚餐喝酒的我，從絕對值來看並不窮，但相對於未來的我而言，當時的我是窮人。

用這樣的思考框架來看，就更容易了解為什麼窮人的重點應該放在存錢，富人的重點應該放在投資。若我 23 歲時知道這點，就會花更多時間在工作上，提高我的收入，而不是質疑我的投資決策。等到我存了

更多的錢後，就能微調我的投資資產組合了。

研判你目前的財務處境

接下來請你檢視一下，你目前的財務狀況如何？位於我所謂的「儲蓄—投資連續帶」（Save-Invest continuum）上的何處？請使用以下的簡單計算作為指引。

首先，考慮在未來一年，期望你可以自在適意地存多少錢。「自在適意」表示這得是你可以輕鬆做到的事。我們稱為你的**期望儲蓄**（expected savings），例如，你期望每個月能存 1,000 美元，你的期望儲蓄是一年 12,000 美元。

接著，決定你在未來一年期望你的投資可以成長多少，例如，若你有 10,000 美元的可投資資產，你期望它們成長 10%，這意味你期望你的投資成長 1,000 美元。我們稱此為你的**期望投資成長**（expected investment growth）。

最後，把這兩個數字拿來相較，何者較高？是你的**期望儲蓄**還是**期望投資成長**？

若你的**期望儲蓄**較高，那麼，你必須更賣力存錢。若你的**期望投資成長**較高，你就得花更多時間思考如何投資你已經擁有的可投資資產。若這兩個數字接近，你應該把時間均分給兩者。

不論你目前處於你的理財旅程的何處，隨著年齡增長，你的焦點應該從你的儲蓄移向你的投資。為什麼？以工作四十年、每年存 10,000 美元、年報酬率 5% 的人為例。

一年後，他就已經投資了 10,000 美元，並且從這筆投資賺得 500 美元的報酬，此時，他的財富年變動中有 10,000 美元來自儲蓄，有 500 美元來自投資，前者是後者的 **20 倍之多**。

圖表 1-1　儲蓄與投資報酬對總財富的影響隨著時間變化

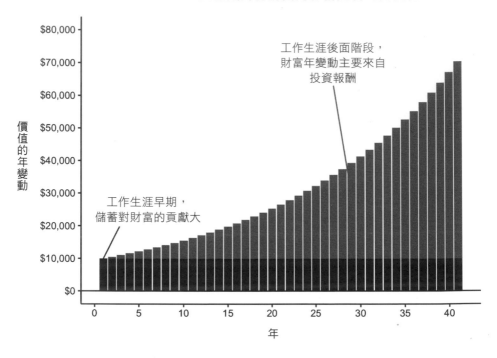

現在，快轉至三十年後，此時，他已經有總財富 623,227 美元，接下來一年，這筆財富將賺得 31,161 美元的投資報酬（仍然是以年報酬率 5% 計算）。現在，他的財富年變動中來自儲蓄的部分仍然是 10,000 美元，來自投資的部分是 31,161 美元，前者還**不及**後者的三分之一。

　　＜圖表 1-1 ＞分別繪出儲蓄及投資對於總財富的貢獻如何隨著時間而變化。

　　從＜圖表 1-1 ＞可以看出，工作的頭十幾年，財富的年變動主要來自每年的儲蓄（黑條部分），但後面幾十年，財富的年成長有大部分是來自投資的貢獻（灰條部分）。這種變化非常明顯，到了工作生涯最後，總財富中有將近 70% 是來自投資報酬，而非每年撥入的儲蓄。

　　所以，在決定你目前的理財重點應該放在何處才能獲得最佳回報時，「儲蓄—投資連續帶」非常重要。在兩個極端，答案很明顯：若你沒有可投資資產，就必須聚焦於儲蓄；若你已經退休了，不能再工作，你應該把更多時間花在投資上。

　　至於處於這兩個極端的中間地帶的人，到底該把時間與心力花在儲蓄還是投資上，這個問題比較難一點，所以，本書才會區分為兩個部分，第 1 部探討儲蓄（「儲蓄—投資連續帶」的第一階段），第 2 部探討投資（「儲蓄—投資連續帶」的第二階段）。

　　我們首先來看看儲蓄的部分。

第1部

儲蓄

第 2 章

你應該存多少錢？

大概比你以為的還要少

　　若你去阿拉斯加州南部的溪流釣魚，會看到清澈的溪流裡有無數的花羔紅點鮭（Dolly Varden char），但是看不到多少可供牠們吃的東西，至少，一年當中的大部分時間是如此。但是，初夏開始就不同了，此時洄游產卵的鮭魚到來。

　　花羔紅點鮭一遇上滿腹魚卵的鮭魚，牠們立刻就貪婪地捕食鮭魚產下的魚卵，瘋狂地吃，吃到脹肚。「牠們非常嗜食魚卵，」懷俄明大學的保育研究員強尼・阿姆斯壯（Jonny Armstrong）說：「牠們的胃裡滿是魚卵，為了搶食魚卵，牠們和鮭魚對搏，遍體鱗傷。」

　　鮭魚離開後，許多花羔紅點鮭繼續留下來，儘管牠們無法在這裡獲得穩定的食物。「計算一下能量，以及流域在終年大部分時間裡的食物量，馬上就能看出牠們應該無法活過一年，」阿姆斯壯說：「但牠們確實存活下來了。」

　　花羔紅點鮭如何在這種條件下存活下來呢？阿姆斯壯和他的同事摩根・邦德（Morgan Bond）發現，當食物稀少時，紅點鮭就縮小牠們的消化道，以使用較少的能量。當洄游的鮭魚到來時，牠們的消化器官就會

膨脹為平時的兩倍大。[1]

在生物學中，這概念稱為「表型可塑性」（phenotypic plasticity），生物體有能力因應其所處環境，改變其生理機能。表型可塑性不僅有助了解為什麼植物、鳥類及魚類會根據其所處的周遭環境來做出改變，也有助於決定你該存多少錢。

▌多數儲蓄建議的問題

用谷歌搜尋「how much should I save」（我該存多少錢），會出現超過 15 萬個搜尋結果，檢視排在最前面的十個搜尋結果，你將看到這類建議：

「把你所得的 20% 存起來。」

「你所得的 10% 應該存起來，但努力提高到 20%，然後提高到 30%。」

「30 歲之前，存下你的所得的一倍；35 歲之前，存下你的所得的兩倍，40 歲之前，存下你的所得的三倍。」

這些文章有相同的錯誤假設。其一，它們假設人們的所得長期維持得相當穩定；其二，它們假設所有所得水準的人都有能力做到相同的儲蓄率。學術研究已經推翻了這兩個假設。

首先，密西根大學的固定樣本所得動態追蹤調查（Panel Study of Income Dynamics）資料顯示，隨著時間推進，所得變得更不穩定，而非更穩定。研究人員利用此追蹤資料進行分析後發現：「1968 年至 2005 年，家庭所得波動率估計趨勢為提高 25% 至 50%。」[2]

這其實是符合邏輯的，從單所得家計單位逐漸轉變為雙所得家計單位後（亦即單身者結婚後，夫妻兩人都工作），不再需要擔心一人失去工作，要擔心的是兩人都失去工作。

其次，影響個人儲蓄率的最大因子是他們的所得水準，這個事實已廣為財金文獻確定。

舉例而言，美國聯邦準備理事會（Federal Reserve Board）及全國經濟研究所（National Bureau of Economic Research）的研究人員估計，所得水準最底層的 20% 的人存下 1% 的年所得（亦即他們的儲蓄率是1%），所得水準最高層的 20% 的人，年儲蓄率是 24%。此外，這些研究人員估計，所得水準最高的 5% 的人把年所得的 37% 存起來，而所得水準最高的 1% 的人的年儲蓄率為 51%。[3]

兩位加州大學柏克萊分校的經濟學家的研究也發現，從 1910 年至2010 年，美國史的每一個十年期間，**儲蓄率都與財富水準呈現正相關**，只有 1930 年代例外。[4]

所以，「把你所得的 20% 存起來」之類的法則很容易誤導，這類法則不僅忽視了人們的所得會歷經時日而波動，也假設所有人都做得到相同的儲蓄率，但實證顯示，這是錯誤的假設。

花羔紅點鮭的生存之道和表型可塑性原理可應用於這方面。花羔紅點鮭並非整年都消耗等量的卡路里，牠們根據可得的食物量來改變牠們的卡路里攝取量（以及牠們的消化系統）。

在儲蓄方面，我們也應該這麼做。

當我們有能力存更多錢時，就應該存更多；沒有能力存更多錢時，應該存較少。我們不該使用靜態不變的法則，因為我們的財務鮮少是靜態不變的。

我有這樣的親身經驗。居住於波士頓時，我的儲蓄率為 40%，遷居紐約市後的第一年，我的儲蓄率降低到只有 4%，儲蓄率的急遽下滑是因為我換工作，而且，遷居紐約後，我不再和室友同住了。

若我發誓，不論如何，都要把我所得的 20% 存起來，那麼，我在紐約的頭一年一定會過得慘兮兮，根本活不下去。

所以，**關於儲蓄的最佳建議是：把你能存的錢存下來。**

遵循這建議，你的壓力感將降低，整體幸福感將提高。我知道這點，因為人們總是對錢感到憂慮不安。美國心理學會（American Psychological Association）指出：「自 2007 年展開『美國壓力』（Stress in America™）調查以來，不論經濟境況如何，在美國人的壓力因子排行榜上，金錢向來名列前茅。」[5]

最常見的理財壓力之一是沒有存夠錢。西北互助人壽保險公司（Northwestern Mutual Life Insurance）在 2018 年發表的計畫與進步研究報告中指出，48% 的美國成年人對他們的儲蓄水準感到「高度」或「中度」焦慮。[6]

數據明確指出人們總是煩惱他們該存多少錢。不幸的是，擔心儲蓄不足帶來的**壓力**，其傷害似乎比存錢這行為本身的好處還要大，布魯金斯研究院（Brookings Institute）的研究人員分析蓋洛普資料後證實：「一般來說，壓力的負面影響大於收入或健康帶來的正面影響。」[7]

這是說，若你能夠在無壓力之下存更多的錢，更高的儲蓄才會對你有益，否則，在壓力下增加儲蓄，對你造成的傷害可能大於帶給你的好處。

我從親身經驗體悟到這點，當我不再根據武斷的法則去存錢後，我就不再糾結煩惱於我的財務，**我把能存的錢存下來**，我能夠享受我的錢，而不是質疑我做出的每一個財務決策。

若你想在存錢方面體驗和我一樣的轉變，那麼，你首先必須決定你能存多少錢。

▎決定你能存多少錢

用以下的簡單公式，就可知道你能存多少錢：

儲蓄＝收入－支出

把你的收入減去你的開銷，剩下的就是你的儲蓄。這意味的是，你只需知道兩個數字，就能解答這公式：

1. 你的收入
2. 你的支出

我建議以月為基礎計算這些數字，看看每個月的財務項目，例如薪資、房租／房貸、訂閱費等等。

舉例而言，你每個月領薪兩次，每次 2,000 美元（稅後），那麼，你的每月收入為 4,000 美元。若你一個月花 3,000 美元，那麼，你的每月儲蓄為 1,000 美元。

對多數人而言，計算收入相當容易，計算支出就難得多了，因為支出面的變動通常較多。

理想的情況下，我會要求你知道支出的每一塊錢花在哪裡，但我知道這很花時間。每次讀到叫我精確計算支出的書籍時，我都直接跳過這一段，我猜你大概也是，所以，我有容易得多的方法。

不必計算你花的每一塊錢，只需列出你的固定支出，其餘的支出，概略估計就行了。你的固定支出是不變的每月開銷，包括房租／房貸、連網／有線電視、訂閱服務、汽車貸款等等，把所有這些數字加總，得出你的每月固定支出。然後，估計你的變動支出，例如，若你每星期上一次雜貨店，花大約 100 美元，那就估計你的每月食物開銷為 400 美元。用相同的方法估計你的每月外食、旅行等等項目的支出。

另一種更便於估計開銷的方法是，用同一張信用卡支付我的所有變動支出（我每月月底支付全額的信用卡帳單）。這麼做並不會換到最多

的信用卡紅利點數，但將使你更容易追蹤開銷。

不論你決定怎麼做，最終，你將知道你大概能存多少錢。

我推薦這方法，是因為我們太容易因為擔心沒有夠多錢而感到迷惘。舉例而言，若你問一千個美國成年人：「你得有多少錢，才算富有？」他們會說： 230 萬美元。[8] 但若你問一千個百萬富翁（那些有至少100 萬美元的可投資資產的家計單位）相同的問題，這數字就增加到 750 萬美元。[9]

縱使我們變得更富有了，仍然會覺得自己錢不夠多。我們總是覺得自己**可以**或**應該**存更多錢，但若你去挖掘資料，就會看到完全不同的故事——你可能已經存了太多錢。

▎為什麼你需要存的錢比你以為的還要少？

剛退休的人最擔心的事情之一是他們將把錢花光，但事實上，大量證據顯示恰恰相反，退休人士花錢花得不夠多呢。

德州理工大學（Texas Tech University）的研究人員指出：「許多研究發現，退休人士並未在退休後因為開銷而積蓄減少，相反地，他們的金融資產的價值一直保持穩定，甚至增加。」[10] 這些研究人員指出，之所以如此，是因為許多退休人士的年支出不超過他們每年來自社會安全福利、退休金及投資報酬的合計年所得，因此，他們的投資本金一直沒減少，於是，歷經時日，他們的財富通常會增加。

縱使有「最低退休金提領要求」（required minimum distribution，簡稱 RMD）的規定，強迫滿一定年齡的退休人士每年提領最低金額，上述現象依然存在。研究人員的結論是：「這顯示，退休人士按照規定提領退休金後，把這些錢再投資於其他的金融資產。」

有多少比例的退休人士在某年**確實減持**他們的金融資產呢？平均約

每七人當中僅有一人。投資與財富協會（Investment & Wealth Institute）的研究報告指出：「在各種財富水準的退休人士中，有 58% 的人提領的錢少於他們的投資賺得的報酬，26% 的人把他們的投資賺得的報酬全部提領出來，14% 的人提領的錢超過他們的投資報酬額，使得他們的投資本金降低。」[11]

這種行為最終導致有很多錢留給繼承人。聯合創收投資理財公司（United Income, Inc.）的研究指出：「平均而言，六十幾歲去世的退休者，身後留下淨財富 29.6 萬美元，七十幾歲去世者留下 31.3 萬美元，八十幾歲去世者留下 31.5 萬美元，九十幾歲去世者留下 23.8 萬美元。」[12]

這資料顯示，害怕退休後把錢花光的恐懼心理對退休人士的威脅大於實際上把錢花光。當然啦，未來的退休人士的財富與所得有可能將遠少於現在的退休人士，但資料似乎也不支持這點。

舉例而言，根據聯邦準備理事會的財富統計資料，千禧世代的人均財富水準大致相同於 X 世代的人均財富水準，經過通膨調整後，X 世代的人均財富水準大致相同於嬰兒潮世代在相同年齡時的人均財富水準。[13]

如＜圖表 2-1 ＞所示，這些世代在不同年齡層時的人均財富水準變化看起來是循著相似的軌跡。

很顯然，總體來說，千禧世代創造財富的速度並未慢於前面世代。是的，千禧世代的財富分配的確存在不均問題，有些千禧世代負債沈重，但整體情況並不像媒體常說的那般可怕。

在社會安全福利方面，情況也不像許多人以為的那般黯淡。雖然，有調查顯示，77% 的美國工作者認為，等到他們退休時已經領不到社會安全福利了，但社會安全福利不太可能完全消失。[14]

2020 年 4 月提出的美國社會安全信託基金精算狀態（Actuarial Status of the Social Security Trust Fund）年度報告得出結論：縱使在此信

圖表 2-1　經過通膨調整後，各種世代在不同年齡層時的人均淨財富

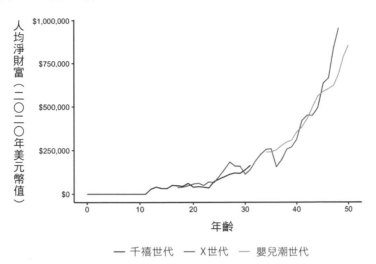

託基金於 2035 年左右錢用完了之後，收入仍然足夠支付 79% 的應付福利。[15]

　　這意味著，若美國維持目前的發展軌道，未來的退休人士應該仍然能領到他們估計福利的 80% 左右。這雖不是一個理想的結果，但遠優於許多人的設想。

　　基於這些實證研究，許多目前及未來的退休人士花光錢的風險相當低，因此，你需要存的錢大概比你以為的還要少。所以，「你應該存多少錢？」這個問題的答案是：第一，把你能存的錢給存起來；第二，你需要存的錢大概比你認為的還要少。

　　不過，對於那些需要存更多錢的人，請閱讀下一章。

第 3 章

如何存更多錢？

個人理財領域的最大謊言

公共衛生領域的傳統智慧之見把西方世界持續惡化的肥胖問題歸咎於兩個因素：不當飲食及缺乏運動。這個理論說，除了更常吃更多高卡路里食物，常坐於書桌／辦公桌前的我們燃燒的卡路里量也比那些必須狩獵與覓食的祖先來得少。

但是，人類學者研究居住於坦尚尼亞北部、靠狩獵採集維生的哈札人（Hadza）的每日能量消耗情形，得出令他們驚訝的發現。是的，哈札人從事的體力活動遠多於現代西方人，男人獵捕大型動物及砍樹，女人採集食物和挖掘石質土壤，他們的生活型態相當靠體力。

但是，這樣使用體力並不等同於每天的能量消耗更高。事實上，若拿體型相同的哈札人和歐美人相較，哈札人每日的卡路里燃燒量大致相同於那些經常久坐不動的歐美人。[16]

這項研究發現意味著，歷經時日，人體將根據體力活動來調節其總能量消耗。因此，若你決定開始每天跑一英里，起初，你將燃燒更多的卡路里，但經過一段時日，同樣跑一英里，燃燒的卡路里量將減少。你的身體最終會適應體力活動的變化，並據以調節其能量消耗。

科學文獻已歷時好幾個世代記載與探討這種調適。舉例而言，有學者回顧 1966 年至 2000 年間所有關於運動和減脂的研究文獻後發現，增加體力活動的確能在短期減少更多的體內脂肪，但是：「當檢視長期研究的結果時，就不存在這種關係。」[17]

這顯示，儘管運動帶來許多健康益處，運動對於減重的效果似乎因為人體的進化而受限。體力活動雖能減輕體重，飲食的改變似乎更為重要。

在減重圈子，存在著從飲食方面或從運動方面著手比較有效的爭論；同樣地，在個人理財圈子，有關於如何存更多錢的問題也有兩派爭論。一派認為你應該聚焦於嚴格**控管你的支出**，另一派認為你應該**增加你的收入**。

例如，主張側重控管支出這一派可能聲稱，若不在星巴克買咖啡，在家裡自己煮的話，你一生可以省下高達 100 萬美元。主張增加收入這一派可能聲稱，透過經營副業來賺更多錢，遠比質疑你的每一個支出決策來得更容易。

嚴格來說，兩邊都有其道理。回到上一章的公式：

$$儲蓄 = 收入 - 支出$$

所以，為了增加儲蓄，你要不就是得增加你的收入，要不就是得減少你的支出，或是兩者都做到。

但是，這兩派中有哪一派更正確嗎？

資料顯示，的確有一派更正確。相似於運動帶來的減重效果，在幫助存更多錢方面，減少支出的功效似乎有著內在的限制。

何以見得？看看美國勞工統計局所做的消費者支出調查（Consumer Expenditure Survey），這調查收集美國家計單位的各種類別支出。把此資料區分為五個所得群後，我們可以看出，減少支出並不足以幫助許多

圖表 3-1　美國所得最低的 20% 家計單位的基本需求支出大於他們的收入

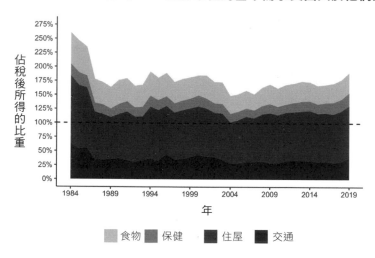

美國家計單位存錢。

　　舉例而言，檢視所得最低的 20% 家計單位花在食物、住屋、保健與交通等方面的稅後所得，你會發現，他們的所得甚至不足以支應這些基本需求（參見＜圖表 3-1 ＞）。

　　1984 年時，美國所得最低的 20% 家計單位在這四種類別的支出一直超出稅後所得。請注意，這還不包括教育、衣著或任何形式的娛樂支出，光是這四類基本需求就花掉了他們的全部所得，甚至還不夠呢。

　　2019 年時，美國所得最低的 20% 家計單位的平均稅後年所得為 12,236 美元，這些家計單位每個月只有約 1,020 美元可用。但是，那一年，他們平均每個月的食物、保健、住屋與交通支出為 1,947 美元。按類別來區分，這些每月支出如下：

・食物：367 美元

・保健：238 美元

- 住屋：960 美元
- 交通：382 美元

若你認為這些開銷有些過度，請問，你認為他們可以合理地減少什麼項目的支出？坦白說，我看不出有多少能撙節的空間。

請記得，這些家計單位平均每個月的稅後收入只有 1,020 美元，支出是 1,947 美元，這意味的是，為了存錢，他們得把支出減半！在我看來，這很不切實際，尤其是考慮到他們的支出已經是低水準了。

這邏輯也適用於所得水準高一級的那 20% 家計單位。檢視所得水準次低的那 20% 家計單位（亦即所得水準落在第 20 至第 40 百分位的美國家計單位），情況也相似。2019 年時，這群家計單位的平均稅後年所得為 32,945 美元，是所得最低的 20% 家計單位平均稅後所得的近三倍，但他們的所得幾乎全花在基本需求上（參見＜圖表 3-2 ＞）。

跟所得最低的 20% 家計單位一樣，基本需求花光了這個所得群的絕大部分收入。但是，檢視這些家計單位的支出絕對值時，可以看出一個型態：所得水準落在第 20 至第 40 百分位的美國家計單位的平均所得比所得最低的 20% 家計單位高出近 200%，但他們的總支出只高出 40%。

這凸顯了「撙節支出 vs. 提高收入」這兩派爭論中的一個重點：**收入增加，支出未必同幅度增加。**

當然，你可能認識收入高且把收入全都花光的人，我並不是說這種人不存在，重點是，資料顯示，這種人是少數例外。總的來說，所得較高的家計單位，其支出佔其所得的比例小於所得較低的家計單位的這個比例。

檢視美國所得最高的 20% 家計單位，最能明顯看出這點。這些家計單位的平均稅後年所得為 174,777 美元，同年，他們在食物、保健、住屋及交通等基本需求上的支出僅佔他們所得的約一半（參見＜圖表 3-3 ＞）。

圖表3-2　美國所得次低的20%家計單位，情況較好，但沒有好多少

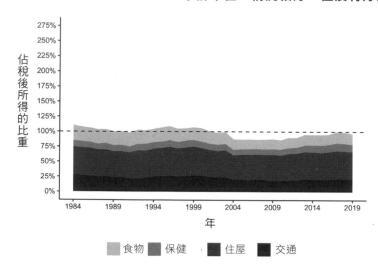

所得最高的 20% 的家計單位的基本需求支出是所得最低的 20% 家計單位的基本需求支出的 3.3 倍，但前者的稅後所得是後者的 14 倍有餘！

為何支出沒有隨著所得的增加而同比例增加呢？這是因為經濟學家所謂的**邊際效用遞減**，這是個術語，但含義簡單：每增加一單位的消費，帶來的效用低於前一單位消費帶來的效用。

我個人稱此為**胃口定律**（the law of the stomach）。

想像你現在餓了，想吃披薩。你吃的第一塊披薩將令你感覺棒極了，第一口將使你感到無比美味，這美味直接向你的大腦發送快樂訊號。相較於沒有披薩吃，有一片披薩吃可真是太棒了。

接著，你吃第二塊，仍然很美味，但感覺將略遜於從零到第一塊帶給你的感受。第三塊披薩帶給你的感受又不如第二塊，依此類推，每增加一塊，帶給你的感受將遜於前一塊。到了某個點，你已經飽到再多吃

圖表3-3　美國所得最高的20%家計單位的基本需求支出佔所得的比重遠遠較低

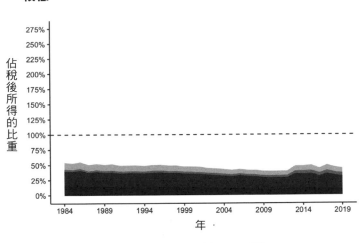

一塊披薩反而會使你感到不舒服的地步。

　　同理也適用於花錢。你的所得增加為十倍，你在食物、住屋或其他基本必需品上的支出不太可能也增加至十倍，你可能會提高食物及住屋的品質，但這些較高品質的東西不太可能得花上十倍於以往的價格。

　　這就是所得較高的家計單位更容易存錢的原因，他們的基本必需品支出佔所得的比重不同於所得較低的家計單位，隨著所得的增加，這個比重降低，因此，他們有更多錢可以存下來。

　　但是，主流財經媒體沒有認知到這點，它們繼續宣揚有關於如何存更多錢以致富的謊言。

個人理財領域的最大謊言

閱讀夠多的個人理財文章，你會看到很多有關於如何致富或提早退休的建議。這些文章說，要有正確心態，訂定目標，遵循一種規律方法，但這些作者不會告訴你他們**實際**上是如何致富。

若你進一步研究這些文章，你將會發現，他們致富的真正方法是高收入，低到離譜的支出，或兩者兼具。

是的，若你住在拖車裡，你可以在 35 歲時退休。

是的，若你的工作是投資銀行家，工作個十年就能致富。

但是，光靠心態，你無法做到這兩者中的任何一個。不論你如何巨細靡遺地記錄你的開銷，訂定目標，都無法彌補錢的不足。

檢視前述的消費者支出調查後，我很難不做出這個結論。是的，有某一比例的美國家計單位缺乏改善自身財務境況所需具備的知識、習慣或心智框架，你的周遭大概也有一些這樣的人。

但是，這種人是**例外**，並非多數。雖說有很多人因為本身的行為陷入財務麻煩，但也有很多人有良好的財務習慣，只是沒有足夠的收入可資改善他們的財務境況。

來自全球的實證研究證實了這點，例如，倫敦政經學院的研究人員發表一篇標題為〈為什麼人們持續貧窮？〉（Why Do People Stay Poor?）的研究報告指出，導致人們持續貧窮的主因是缺乏初始財富，而非因為他們缺乏幹勁或才能。

為檢驗這假設，這些研究人員隨機分配財富（例如發放家畜）給孟加拉的農村婦女，然後，他們等待，想看看這筆財富將如何影響這些人的未來財務境況。最終，他們在研究報告中寫道：

〔我們〕發現，若此方案把個人推升至超過一個初始資產

水準門檻，他們就能擺脫貧窮；但若未能超過這門檻，他們就
會再度落入貧窮……我們的研究發現的含義是，一次性給予大
筆財富若能幫助人們從事更具生產力的職業，將有助於減輕長
久持續的貧窮。[18]

這篇研究報告清楚例示，許多窮人之所以持續貧窮，並非因為沒有
才能或幹勁，而是因為從事低收入工作，他們**必須**勉力以求生存。

基本上，他們卡在貧窮陷阱裡，在這貧窮陷阱裡，他們沒有錢去獲
得訓練，以從事更高收入的工作，或是沒有資本去做可以獲得更多收入
的事業。你也許懷疑這些研究發現，但是，有研究人員在肯亞做實驗，
隨機分發現金給人們，也得出了相似的發現。[19]

所以，**個人理財領域的最大謊言是：光靠撙節支出，你就能致富。**

財經媒體助長這謊言，它們告訴你：停止每天花 5 美元買咖啡，你
就能變成百萬富翁。這些專家刻意沒告訴你：必須是你的投資年報酬率
達 12%（高於市場的平均年報酬率 8% 至 10%），才有可能做到這點。

就算你的投資能獲得 12% 的年報酬率，你也必須**數十年**持續百分之
百地持有你的股票資產組合，不能在任何原因導致的市場波動或崩盤中
驚慌，才有可能賺得這報酬。說起來容易，做起來難！

這些財經媒體述說人們為了存錢而自製洗碗精或重複使用牙線之類
的故事。令我看不下去的是，他們舉這類例子來**證明**撙節支出可以使你
致富。

想想這類訊息是多麼居高臨下看待一般家計單位，這些文章的作者
還不如直接說：「之所以不能實現財富自由，就是因為你一直購買汰漬
洗衣凝膠球（Tide Pods）！」

現在，你可以看出他們在對我們玩什麼把戲了，他們把這些異常例
子宣傳為正常。真是再也沒有比這更離譜的事了。

最牢靠的致富之道是：增加你的收入，投資於生財資產。

這不是說你可以完全忽視你的支出面，人人都應該定期檢討自己的支出，確保不浪費（例如被遺忘的持續訂閱、不必要的奢侈品等等），但沒必要捨棄你的拿鐵咖啡。

若你想存更多錢，重點是撙節你能省的開銷，**聚焦於增加你的收入。**

▌如何增加你的收入

首先，我得坦承，提高收入遠比撙節支出難多了，至少，一開始是如此。但是，若你想找一條可持續存更多錢與創造財富的路，這是唯一選擇。

增加你的收入的最佳途徑是找到方法，釋放出你內在的財務價值。我指的是**人力資本**的概念，亦即你的技能、知識及時間的價值。你可以把你的人力資本想成一種你能轉化成財務資本（亦即金錢）的資產。

有什麼好方法可以把人力資本轉化成財務資本呢？以下是你應該考慮的五種方法：

1. 出售你的時間／專長
2. 出售一種技能／服務
3. 教課
4. 銷售一種產品
5. 在職場往上爬

如以下各節所述，每一種方法有其利弊，但它們全都可被用來開始增加你的收入。

▍1. 出售你的時間／專長

格言說得好：「時間就是金錢」，若你需要賺更多錢，你可以考慮出售你的時間或技能。

這麼做的方法有多種，但我建議你先研究一下，找出能最善用你的技能的領域。一開始，這也許不能幫你賺多少錢，但隨著專長愈加發展，可以開始索取更高的費用。

出售你的時間的唯一壞處是，這種方法無法擴大規模。一小時的工作等於一小時的收入，不會更多，所以，只靠著出售你的時間，永遠無法使你變得極富有。

從出售你的時間著手，這沒有什麼不對，但最終，你將想要有不是靠工作而賺得的收入，後文將討論這個。

總結這個方法的利弊

- **利**：容易做，啟動成本低。
- **弊**：時間有限，無法擴大規模。

▍2. 出售一種技能／服務

談完出售你的時間，接著自然就要談到出售一種技能或服務，這指的是發展出某種可出售的技能，透過平台（例如線上平台），出售它。

例如，你可以在 Craigslist 網站上打廣告推銷攝影服務，或是在 Upwork 之類的網站上做圖形設計工作。天天有數百種能出售的技能在線上買賣，這些只是其中的幾個例子。

比起出售你的時間，出售一種技能或服務可以賺更多收入，因為你可以出售不是和你的時間完全關聯的東西，尤其是若你能為你的工作建

立起品牌、並索取較高價格的話。

可惜，跟出售時間一樣，出售個人技能或服務也無法擴大規模，你必須親自提供每件服務，當然，你可以雇用具有相似技能的人來幫助你承擔工作量，但這就複雜多了。

總結這個方法的利弊

- **利**：收入較高；能建立一個品牌。
- **弊**：需要投資時間於發展可出售的技能／服務；不容易擴大規模。

3. 教課

亞里斯多德曾說：「知者，做；識者，教。」

教學（尤其是在線上教學），是賺取可擴增規模的收入的最佳途徑之一，不論是透過 YouTube 影片抑或 Teachable 之類的學習平台，教導與傳授實用的東西都是增加收入的好途徑。

你能教什麼呢？凡是人們願意付錢學習的東西都行，寫作、編程、編輯相片……這清單列不完。

這條賺錢途徑的好處是，你可以建立一個讓你銷售多年的品牌。不幸的是，這也是線上教學的困難之一，除非你教的東西是一個利基產品，否則就有很多其他人也開課傳授，為了和他們競爭，你得找到脫穎而出的法子。

總結這個方法的利弊

- **利**：容易擴增規模。
- **弊**：很多競爭對手，吸引學生可能是一場打不完的仗。

▍4. 銷售一種產品

若教課不是一條適合你的賺錢途徑，你可以考慮做出一種對他人有益的產品，最好的方法是挖掘出尚未解決的問題，然後打造出解決問題的產品。

這問題可能是情緒性質、心理性質、實體性質或財務性質，不論你決定透過打造產品來幫助別人解決什麼問題，這途徑都能幫你創造可擴增規模的價值。

為什麼？因為你只需要打造產品一次，卻能銷售許多次，尤其是可以在線上銷售無數次、卻不需要增加多少成本的數位產品。

但是，打造產品將需要很多的前置投資，還需要費更大心力去銷售它。打造產品不是易事，但若你做得出一種受人們喜愛的產品，可以在很長一段期間靠它賺錢。

總結這個方法的利弊

- **利**：可擴增規模。
- **弊**：需要大量的前置投資和持續的行銷工作。

▍5. 在職場往上爬

在所有增加收入的途徑當中，在職場往上爬是最常見、也是最被鄙視的途徑，普遍的看法是，比起當老闆、自己創業或經營副業，朝九晚五的工作較不值得。

但是，檢視資料後，你會發現，朝九晚五的工作仍然是多數人創造財富的途徑。事實上，對許多美國人而言，致富的最佳機會是透過專業學位（例如醫師、律師等等）。出版於 1996 年的《原來有錢人都這麼做》

（*The Millionaire Next Door*）一書道出作者研究一群百萬富翁後得出的發現：

> 這群百萬富翁受過相當好的教育，他們當中平均每五人中只有一人沒有大學文憑，許多人擁有高於學士的學位，18% 的人擁有碩士學位，8% 的人擁有法學學位，6% 的人擁有醫學學位，6% 的人擁有博士學位。[20]

百萬富翁不僅更可能走著傳統教育與職涯途徑，他們也不是一夜致富，事實上，白手起家的百萬富翁，平均至少花三十二年才能創造出他們的財富。[21]

所以，我大力推崇走傳統職場途徑來提高你的收入，尤其是較年輕或缺乏經驗的人。雖然，朝九晚五的工作很難使你變得超級有錢，學習如何與人合作並發展你的技能，對職涯發展是最有助益的事情之一。

就算你想最終自行創業，先當個受雇員工也是常態，也因此創業者創立他們的第一個事業時的平均年齡為 40 歲。[22] 到了 40 歲時，你具有絕大多數 22 歲年輕人沒有的兩樣東西——經驗與金錢，這經驗與金錢來自何處呢？傳統的職涯，很可能是受雇於人。

總結這個方法的利弊

- **利**：取得技能與經驗；所得成長的風險較低。
- **弊**：你不能掌控你的時間或你所做的事。

不論你想怎麼增加未來的收入，上述所有方法都應該被視為**暫時**性質，因為最終，你賺得的更多收入應該被用來投資於更多的生財資產。

這才是大大增加你的儲蓄的真正途徑。

▍想存更多錢，就要像業主一樣思考

猜猜誰是美式足球職業聯盟（NFL）史上最富有的人？湯姆·布雷迪（Tom Brady）？培頓·曼寧（Peyton Manning）？約翰·麥登（John Madden）？都不是。

是一位名叫傑利·理查森（Jerry Richardson）的傢伙。你大概沒聽過此人，我也沒有，但他是唯一後來成為億萬富翁的前 NFL 球員。

理查森如何賺得億萬財富？不是打美式足球賺來的。

他是個夠好的球員，他效力的球隊贏得 1959 年 NFL 冠軍，但是，他的大部分財富是靠著在全美各地開設哈帝漢堡（Hardee's）分店而創造出來的。後來，他取得足夠的資本，於 1993 年成立 NFL 卡羅來納黑豹隊（Carolina Panthers）。

使理查森變得超級富有的，**不是**他的勞力所得，而是他投資事業的所有權。

我希望你以這種方式去思考如何增加你的收入。是的，出售你的時間、技能或產品，這些都很好，但這不該是你創造財富旅程的最終目標，你的最終目標應該是所有權——用你增加的收入去取得更多的生財資產。

不論這意味的是投資於你自己或是別人的事業，你必須把你的人力資本轉化為財務資本，以創造長期財富。

若你想這麼做，你就必須開始像業主一樣思考。

談完如何存更多錢後，接下來，談談如何無罪惡感地花錢。

第 4 章

如何無罪惡感地花錢？

兩倍規則與滿足感最大化

我最好的朋友在南美洲讀書時，提過他有位同學詹姆斯（非真名）沒有價格觀念，起初，我不懂他的意思，「你說他沒有價格觀念，這是什麼意思？」我問。這位友人解釋：

> 當你在一家餐廳坐下來，打開菜單時，大概會注意兩個東西，第一，看看這家餐廳供應什麼餐點，第二，也會注意這些餐點的價格。也許，一道主菜和另一道主菜的價差不會影響你最終點哪道主菜的決定，但你起碼認知到每道菜都有價格。
>
> 想知道你是否對價格有概念，最簡單的方法就是想像你坐在一家餐廳，菜單上沒有標示價格的話，你做何感想。

我這個朋友說，他的同學詹姆斯沒有這種觀念，但詹姆斯有他父親的信用卡。

晚餐？詹姆斯買單。夜總會入場費？詹姆斯招待。酒錢？詹姆斯請客。有一次，他們一群人深夜健行去馬丘比丘時迷路，詹姆斯提議用他

的衛星電話去租一部直升機來救大家，所幸，其他人勸說並阻止了詹姆斯，然後，他們重新找到方向，安然無恙地完成健行。

詹姆斯是那種花錢時毫無罪惡感的人，但我也見過在花錢這個光譜上位居另一極端的人。

我在舊金山工作時的同事丹尼斯（非真名）真是節儉過了頭，他曾經為了省錢，在優步的應用程式上耍詐，以避開高峰時段的加成計費。

有些讀者可能不記得，早年的優步不會向你報價，加成計費指示器會告訴你如何計算車資，例如，若指示器上顯示 2.0x，就代表車資是普通時段的兩倍，依此類推。以前，優步會要求你在應用程式上放個圖釘以標示你的所在地位置，這圖釘讓司機知道你在何處，同時也會決定加成費率。

丹尼斯不知如何發現了優步應用程式的一個技術小毛病：你可以把圖釘放在加成費率低的地區，讓應用程式鎖定費率後，再把圖釘移到你要讓司機來載你的實際所在地位置。丹尼斯向我們展示他把圖釘放到舊金山灣裡（這裡永遠不會有加成費率），然後再把圖釘移到他的實際所在地位置，這樣，每趟車資可以省下 5 美元至 10 美元。

到現在，我仍然不知道丹尼斯如何發現了這個早期的應用程式毛病，但我當時警告他，優步會發現並矯正這問題，果不其然，他們真的發現並修正了。

2015 年跨年夜凌晨兩點，喝醉的丹尼斯召來優步車，加成計費指示器顯示車資是平時費率的 8.9x，他不想支付這麼高的車資，便故技重施，但這回，這伎倆失靈了。

他隔天收到 264 美元的帳單。我知道這件事是因為他花了幾星期申訴車資無果後，終於告訴全辦公室，優步如何對他「敲竹槓」。我想，我這輩子從未如此幸災樂禍過。

詹姆斯和丹尼斯示範了人們在花錢方面能有多極端，但這兩種態度

都不好。詹姆斯無罪惡感地花錢,但他太隨便了;丹尼斯雖把他的錢管理得很好,但每次花錢時都充滿焦慮。

不幸的是,多數個人理財領域的專家傾向站在丹尼斯這邊。不論他們建議要側重撙節開銷,或是增加收入,他們的方法通常是基於罪惡感。

理財顧問蘇西·歐曼(Suzie Orman)告訴你,買咖啡等同於把100萬美元變成尿而撒掉了;創業家暨投資人蓋瑞·范納洽(Gary Vaynerchuk)要你反省自己是否夠努力。主流的理財建議大都要你去質疑你的決策。[23]

你應該買那輛車嗎?

你應該買那些昂貴的衣服嗎?

每天買一杯拿鐵咖啡,這樣好嗎?

罪惡,罪惡,罪惡。

這類建議強迫你不斷地質疑自己,使你對花錢這件事過度緊張。就算有更多錢,也解決不了這問題。

市場調查暨理財顧問公司市沛川集團(Spectrem Group)在 2017 年做的一項問卷調查發現,身價介於 500 萬美元和 2,500 萬美元之間的投資人當中,有 20% 的人擔心自己沒有足夠的錢可以安度退休後的生活。[24]

這絕對不是過日子的方式。錢固然重要,但你不該每次看到價格標籤就心中警鈴大作。你有過這樣的經驗嗎──儘管你的錢還夠,但你仍然質問自己是否買得起這樣東西?若是,那麼,問題不在於你本身,問題出在你用來思考你的支出的**心智框架**。

你需要的是用新的方式去思考如何花錢,使你能夠無憂慮地做出財務決策。為此,我建議兩種訣竅,兩種一起用,將讓你百分之百無罪惡感地花錢。這兩種訣竅是:

1. 兩倍規則
2. 聚焦於滿足感最大化

1. 兩倍規則

我把第一個訣竅稱為**兩倍規則**（The 2x Rule），方法如下：每當我
想花大筆錢在某項東西或某件事時，我必須也拿相同金額來投資。

例如，若我想購買一雙 400 美元的紳士鞋，**也**必須購買價值 400 美
元的股票（或其他種類的生財資產）。這就會促使我再評估究竟有多想
要這樣東西，若我不願為了它而省下共兩倍金額的錢的話，就不買這樣
東西了。

我喜歡這規則，因為它消除了伴隨揮霍而來的罪惡感。由於我知道
我在揮霍消費的同時，也等額投資於生財資產，就不會擔心是否花費過
多。

多大金額的購買才需要被視為「揮霍」呢？

這將因人而異，也隨著時間而有所變化，但就實務上來說，凡是令
你**感覺**像揮霍的，都可以視為揮霍。舉例而言，我 22 歲時（當時的我
擁有的財富少得多），花 100 美元在非必需品上，對我而言就是揮霍了，
但現在，這門檻可能接近 400 美元。

不過，重點不在於確實金額，重點在於當你考慮購買某個東西時的
感覺。不論是花 10 美元或 10,000 美元，你都可以使用「兩倍規則」來
克服那種罪惡感，享用你的財富。

更重要的是，你未必得投資你的額外儲蓄，才能有效運用「兩倍規
則」，例如，若你想購買 200 美元的東西，可以同時**捐款** 200 美元，這
也能產生相同的消除罪惡感效果。每揮霍一塊錢在你自己身上，就向你

認同的公益事業捐出一塊錢，這不僅讓你幫助他人，你也不會因為寵愛
自己而感到慚愧。

不論你決定如何使用「兩倍規則」，這是一個能幫助你擺脫花錢的
罪惡感的簡單訣竅。

▎2. 聚焦於滿足感最大化

幫助我無憂無慮花錢的第二個訣竅是把重點放在我的長期滿足感最
大化。請注意，我說的是**滿足**，不是「快樂」，這個差別很重要。

舉例而言，跑馬拉松可能是一種提供滿足、成就感的體驗，但未必
是一種快樂的體驗。完成一場馬拉松所需投入的力氣與努力，通常不會
產生即時即地的快樂感，但跑完後，能產生深層的成就與滿足感。

這不是說快樂不重要，快樂當然重要。《快樂錢》（*Happy Money:
The Science of Happier Spending*）一書的作者發現，以下列方式花錢，最
有可能增進你的整體快樂程度[25]：

* 花錢買體驗
* 偶爾犒賞自己
* 花錢買時間
* 先付錢，後享受（例如全包式度假）
* 把錢花在別人身上

在所有這些領域，有並且花更多錢，**通常**會帶來更大程度的快樂。

但是，這些好訣竅並非萬靈丹。你可以購買絕佳的體驗，可以花錢
買下世上的全部空閒時間，但這些未必能使你感到滿足。

那麼，什麼可以增進滿足感呢？

這個問題不容易回答。丹尼爾·品克（Daniel H. Pink）在《動機，單純的力量》（*Drive*）一書中提出一個用以了解人類動機的架構，用這個架構來思考前述問題是好的開始。品克指出，人類的動機（幹勁）與滿足感的構成要素是：自主（自我主導）、專精（改進你的技能）和目的（連結至比自我更宏大的東西）。[26]

這些項目也有助於篩選出該在哪裡花錢。舉例而言，有人可能認為沒必要每天買一杯拿鐵，但若這杯拿鐵能使你在工作上發揮最佳表現，那它就有必要了。

在這種情況下，每天的拿鐵咖啡能**增進**你的工作專精度，所以，這錢就花得很值得。你可以用相同的邏輯來評斷你購買的東西是否有助於增進自主或目的感。

最重要的是，你的錢應該被用來當成一種創造理想生活的工具，因此，難處不在於花你的錢，而在於想清楚你的人生究竟想要什麼。

你關心什麼？

你希望能避免什麼事情發生？

你想在這世界推動什麼價值觀？

一旦你想清楚這些，花錢就會變得更輕鬆、更享受。重點是購買的**心智框架**，而非購買本身。

畢竟，使你產生罪惡感的，並不是購買本身，而是你的腦海裡是否認為買得有道理。若你沒有一個好理由去買某個東西，買了以後，你大概會心生慚愧或不安，你大可以欺騙自己，但你的內心深處知道真相。

為克服這點，最容易的方法是自問：購買這東西將有益於你的長期滿足感嗎？若答案為「是」，那就買，別在心裡斥責自己了。若答案為「否」，那就別買，因為你的錢可以花在其他更好、更值得的地方。

花錢的唯一正確方式

花錢的唯一正確方式是合適於你的方式。我知道，這聽起來是陳腔濫調，但它有資料為證。

劍橋大學的研究人員發現，**消費形式愈吻合本身心理狀態**的人，人生滿足感程度愈高。此外，這種效果高過個人的總收入帶來的幸福感。[27]

這項研究結果顯示，你的個性可能左右你把錢花在哪裡感覺比較好。若真是如此，那麼，一些有關於理想消費的常見建議可能就得重新考慮了。

舉例而言，很多文獻說，購買體驗帶來的快樂程度高於購買物質商品。[28] 但是，若這只適用於部分人（例如個性外向的人）呢？若然，那麼，這消費建議可能是基於 60% 至 75% 的個性外向的人，並不適用全世界的個性內向者。

所以，說到花錢的正確方式，你不能只看研究文獻，而必須探索怎樣的方式最適合你。消費科學不足以精準預測什麼能使人更快樂。

你必須想清楚想從生活中獲得什麼，沒有人能替你做這事，只有你能做。一旦想清楚了，就照著它來花你的錢，否則，你最終可能過的是別人夢想的生活，不是你自己的。

談論完如何無罪惡感地花錢，接下來探討所得增加後的正確支出方式。

第 5 章

生活方式膨脹多少
無傷大雅？

為何可能比你以為的還要多

　　1877 年 1 月 4 日，世上最富有的人辭世，他是綽號「海軍准將」
（The Commodore）的企業家康納留斯・范德比爾（Cornelius Vander-
bilt）。靠著經營航運和鐵路運輸致富的范德比爾，一生累積了上億美元
的財富。

　　范德比爾相信，分家產會毀掉家族企業，因此，他在遺囑中把絕
大部分遺產（9,500 萬美元）留給他的兒子威廉・范德比爾（William H.
Vanderbilt）。在當時，這 9,500 萬美元的遺產比美國財政部持有的全部
錢還要多。

　　事實證明，范德比爾不分割家族企業的決定是正確的，在他離世後
的接下來九年間，威廉妥善經營鐵路事業，把父親的財富翻倍至近 2 億
美元。經過通膨調整後，范德比爾這 2 億美元的財富相當於 2017 年幣
值的約 50 億美元。

但是，威廉在 1885 年年底去世，他的辭世埋下了導致范德比爾家族沒落的愚蠢種子，不出二十年，再也沒有一位范德比爾家族後裔躋身美國富豪榜。事實上，「當海軍准將的 120 位子孫於 1973 年在范德比爾大學（Vanderbilt University）舉行首次家族團聚時，他們當中沒有一個是百萬富翁。」[29]

是什麼導致范德比爾家族的財務衰落？是生活方式膨脹（lifestyle creep），而且是高度的膨脹。

生活方式膨脹指的是，一個人的收入增加後，支出也隨之增加，或是為了跟上同儕而增加支出。

范德比爾家族的生活方式膨脹包括：在馬背上進餐；用百元大鈔捲菸草來抽菸；居住於紐約市最豪華的宅第。你的品味大概不像范德比爾家族那般奢侈，但他們的故事示範人們有多容易隨著時日增加消費支出，尤其是在收入增加後。

舉例而言，想像你的工作剛被加薪，想慶祝一下，畢竟，你工作賣力，應該犒賞自己，對吧？也許，你想要一輛新車，住更好的房子，或只是想要更上館子。不論你決定如何使用因為加薪而得的新收入，你已經成為生活方式膨脹的受害人了。

許多個人理財專家會告訴你，無論如何都要避免生活方式膨脹，但我不會這樣要求你。事實上，我認為，**某種程度**的生活方式膨脹是很令人愉快的，畢竟，若你不能享受你辛苦的果實，那麼辛苦工作又有何意義呢？

但是，限度在何處？多大程度的生活方式膨脹是你能承擔得起的？嚴格來說，這得視你的儲蓄率而定，但**對多數人而言**，答案是 50% 左右。

一旦你把未來的所得增額花掉超過一半，那你就得開始延後你的退休時間了。

賺更多的錢，但沒有存下這些錢中夠多的一部分，這可能迫使你延後退休。有人可能覺得這聽起來很奇怪，我將在下文論證這點。事實上，儲蓄率較高的人若想按照原訂時程退休的話，他們未來的所得增額中得存起來的比例將必須**大於**那些儲蓄率較低的人。

下一節說明為什麼，一旦了解個中原因，那麼，前述 50% 的限度就會顯得更有道理。

▍為什麼儲蓄率高的人必須把更多的加薪額存起來？

想像兩位投資人安妮與巴比，兩人的稅後年所得都是 100,000 美元，但他們每年的儲蓄額不同，安妮每年把稅後所得的 50%（亦即 50,000 美元）存起來，巴比只能存 10%（亦即 10,000 美元）。這意味的是，安妮每年支出 50,000 美元，巴比每年支出 90,000 美元。

假設安妮和巴比都想在退休後維持相同於工作時期的支出額（亦即維持相同的生活方式），那麼，安妮需要的錢比巴比少，因為她向來過開銷較少的生活。

假設這兩人分別都需要有其年支出額的 25 倍的積蓄，才能安逸地退休，那麼，安妮需要有 125 萬美元才能退休，而巴比需要有 225 萬美元。本書第 9 章將說明為什麼擁有 25 倍於年支出額的積蓄，才可以安逸地退休。

若他們的所得和儲蓄率歷時不變，在實質報酬率為 4% 之下，安妮工作十八年就能退休了，而巴比得工作五十九年才能退休。不過，工作五十九年才能退休，這樣的時程規劃對多數人是不切實際的，因此，巴比想在更合理的時程規劃下退休的話，他很可能得提高儲蓄率。

現在，把時間向前推進十年。經過十年的儲蓄，以及通膨調整後的實質報酬率 4% 之下，安妮累積了 600,305 美元，巴比累積了 120,061 美

元。兩人仍然在他們原訂的退休時程軌道前進,亦即安妮打算在八年後退休,巴比在四十九年後退休。

但現在,假設兩人每年薪資都增加 100,000 美元,使他們的稅後年收入提高到 200,000 美元。若安妮和巴比都想按照原訂時程退休的話,這年加薪額中有多少應該存起來呢?

你可能以為:「就按照原來的儲蓄率」,對吧?但是,若安妮把加薪額的 50% 存起來,巴比把加薪額的 10% 存起來,這實際上反而會使他們**延後**退休。

為什麼?因為他們的退休目標沒有考慮到他們在收入提高後,**支出也增加**了。

若安妮現在一年收入 200,000 美元,把 50%(亦即 100,000 美元)存起來,那就意味她每年**花了**另外的 50%(亦即 100,000 美元)。由於所得增加後,她的支出從 50,000 美元加倍至 100,000 美元,若她想在退休後維持這種新的生活方式,那麼,**她退休後**的年支出也要加倍。

這意味的是,安妮現在需要有 250 萬美元的積蓄,才能安逸地退休,而非原先的 125 萬美元。但是,在收入增加後,安妮仍然跟前面十年一樣,維持 50% 的儲蓄率,**以為**她只需要 125 萬美元就能安逸地退休,忽略了收入增加後,她的生活方式已經改變,支出已經增加。因此,她將必須工作更多年,以彌補這積蓄的不足。

擁有積蓄 600,305 美元作為投資本金,再加上收入增加後的年儲蓄 100,000 美元,在實質報酬率 4% 之下,從現在算起的十二年後,安妮才能達到 250 萬美元的積蓄而安逸地退休,比先前預期的再八年後退休要多了四年。她的生活方式膨脹導致她必須延後退休,所以說,過多的生活方式膨脹是危險的。收入變化對你的支出型態造成的影響,才是重點。

若安妮想按照她的原訂時程退休,那麼,收入增加後,她的年支

出必須少於 100,000 美元，這意味的是，她的年加薪額中撥出來作為儲蓄的比例必須**大於** 50%。事實上，安妮必須把這年加薪額的 74%（亦即 74,000 美元）存起來，才能如期在八年後退休。因此，安妮每年總計必須存 124,000 美元（原先的年儲蓄 50,000 美元＋加薪額中撥出的儲蓄 74,000 美元），直到退休。

若安妮每年存 124,000 美元，那就代表她接下來每年支出 76,000 美元。在這支出水準之下，安妮可以安逸退休的積蓄目標將是 190 萬美元（亦即 76,000 美元乘以 25 倍），而非 250 萬美元。

巴比呢？在年收入增加 100,000 美元後，若他想依照原訂時程，在四十九年後退休，他每年得多存 14,800 美元，亦即把年加薪額的 14.8% 存起來。這將使他的年支出為 175,200 美元，他可以安逸退休的積蓄目標將是 438 萬美元（亦即 175,200 美元乘以 25 倍），但他仍然得繼續工作四十九年後，才能達到這目標。

如前所述，工作及存錢達五十九年，這不切實際。因此，巴比若想在更合理的時程規劃下退休，他應該把加薪額的 50%（或更高比例）存起來，我將在下一節解釋個中道理。

更重要的是，這個思考實驗說明何以儲蓄率較高的人若想按照原訂時程退休，他們的所得增額中得存起來的比例將必須大於那些儲蓄率較低的人。若要按照原訂時程退休，安妮（儲蓄率較高者）必須把加薪額的 74% 存起來，而巴比（儲蓄率較低者）只需把加薪額的 14.8% 存起來。

不過，這個思考實驗雖有助於厘清觀念，但沒法決定你到底該把你的加薪額中的多少部分存起來。由於多數人在他們的整個職涯中獲得多次的小幅度加薪，而非一次的大額加薪，因此，若想要估計得更準確，我們應該模擬多次小幅度加薪造成的影響。

下一節做這模擬，對於你應該把加薪額中的多少部分給存起來，提供一個更準確的解答。

你應該把加薪額的多少部分存起來？

在計算和比較各種數字後，我的發現是，若你想按照原訂時程退休的話，該存下加薪額的多少部分，最重要的左右因子是你目前的儲蓄率。

年報酬率、所得水準、所得成長率，這些數字的差異性的影響程度都遠不如儲蓄率。在做過所有計算和檢驗後，我發現，最重要的是儲蓄率。

因此，我製作了＜圖表 5-1 ＞的表格，顯示在不同的目前儲蓄率之下，你應該把加薪額中的多少部分存起來，才能按原訂時程退休。這個分析假設：第一，你需要擁有 25 倍於你的年支出額的積蓄，才能安心

圖表5-1　你應該把加薪額中的多少比例存起來？

原儲蓄率	你的加薪額中應該存起來的比例
5%	27%
10%	36%
15%	43%
20%	48%
25%	53%
30%	59%
35%	63%
40%	66%
45%	70%
50%	76%
55%	77%
60%	79%

退休；第二，你每年加薪 3%；第三，你的資產每年成長 4%（所有數字都是經過通膨率調整後的實質額）。

舉例而言，若你現在每年儲蓄 10%，並獲得加薪，那麼，你必須把這加薪額（以及後續的每一個加薪額）的 36% 存起來，才能依照原訂的時程退休。若你現在的儲蓄率是 20%，你必須把未來加薪額的 48% 存起來。若你現在的儲蓄率是 30%，你必須把未來加薪額的 59% 存起來。依此類推。

這告訴你，一定程度的生活方式膨脹一點問題也沒有！對於目前儲蓄率為 20% 的人來說，他們可以把未來加薪額的一半花掉，而不需改變他們的退休時程規劃。當然啦，若他們的未來加薪額花掉的比例少於一半，他們可以更早退休，但這由他們決定。

以下聽起來相當違反直覺：你目前的儲蓄率愈低，你的生活方式膨脹程度可以愈高而不致影響你的原訂退休計畫。為什麼？因為根據定義，在相同的所得之下，儲蓄率低的人支出較多。

因此，當這些低儲蓄率者獲得加薪、並決定把加薪額的一部分花掉時，他們的總支出變化百分率小於那些獲得同額加薪、且花掉相同比例的高儲蓄率者。加薪後的支出變化，對高儲蓄率者的影響遠大於對低儲蓄率者的影響。

為何你應該存下加薪額的 50%？

雖有上述的複雜理論、假設及分析，我建議你把事情簡單化，把你的加薪額的 50% 存起來，因為這簡單法則適用於絕大多數人和絕大多數時候。

假設絕大多數儲蓄者的儲蓄率落在 10% 至 25% 這個範圍，那麼，根據我的模擬資料（參見＜圖表 5-1 ＞），50% 的限度是正確解答。若

你目前的儲蓄率低於 10%，我只能說，把你的未來加薪額的 50%（或更多）存起來，將有助於你創造財富。

更重要的是，「把加薪額的 50% 存起來」這個簡單法則易於記住和執行：一半給現在的你，一半給未來退休後的你。

巧合的是，這概念相似於我在上一章討論如何無罪惡感地花錢時建議的**兩倍規則**。

快速溫習一下，「兩倍規則」說，在你購買任何昂貴的東西之前，你應該撥出同額的錢購買生財資產。因此，若你要花 400 美元買一雙紳士鞋的話，你也必須投資 400 美元於一檔指數型基金（或其他種類的生財資產）。

這等同於 50% 的邊際儲蓄率，剛好完全吻合上述提到的 50% 生活方式膨脹限度。所以，儘管去花用及享受你的加薪吧，但切記，最多只花掉加薪額的 50%。

截至目前為止，我們討論的都是有關於花你擁有的錢，但有些消費可能需要用到本身沒擁有的錢。因此，接下來要討論的是你該不該借錢。

第 6 章

你該不該舉債？

為什麼信用卡卡債未必是壞事

　　問你一個問題：在沙漠中，絕大多數開花植物屬於以下兩種類別之一：一年生植物，或多年生植物。一年生植物在一個季節期間生長、繁育及死亡；多年生植物能夠生存多個季節。

　　但生長於沙漠中的一年生植物有個奇怪之處：每年，它們的一部分種子不會發芽，縱使當環境條件很適合於發芽時，也是如此。

　　為什麼？

　　局外旁觀這種行為，毫無道理啊，畢竟，生活在沙漠這種嚴峻的環境中的植物，為何不充分利用難得出現的好環境條件呢？

　　答案跟雨量（或者說雨量**不足**）有關。由於沙漠中的一年生植物需要夠濕的環境條件來發芽與成長，雨量決定了它們的生存，但是，在沙漠這種無法預料的環境中，有時會發生久旱不雨。

　　若某種沙漠一年生植物的所有種子都發芽，然後發生了這種很長的枯水期，它們所有的幼苗都會死掉，那麼，它們的繁衍就將終結。因此，一些種子會保持蟄伏狀態，以應付不確定的未來。

　　這種名為**分散風險**（bet hedging）的行為是一種降低風險的策略，

以求使某種生物的長期繁衍成功率最大化。也就是說，不是使單一一年的後代數量最大化，而是使**長期的**後代數量最大化。

分散風險能幫到試圖使繁衍適應性（reproductive fitness）最大化的生物，在決定你是否應該舉債時，也可以使用這概念與策略。

為什麼負債（甚至是信用卡卡債）未必是壞事？

早自聖經時代，「負債」就已是個受到議論的主題，舊約《箴言》第 22 章第 7 節寫道：「欠債的是債主的僕人」。

但是，負債一定是壞事嗎？還是說只有一**些種類的負債才是不好的**？答案並不是那麼顯然與明確。

例如，若你在多年前問我，該不該欠信用卡卡債，我的回答會和其他財務專家的回答一模一樣：「絕對不要。」

但是，在花更多時間研究人們如何使用舉債後，我發現，這建議未必是對的。很顯然，我們應該避免信用卡公司索取的高利率，我曉得你已經知道這點，人人都知道。但你可能不知道，信用卡可以幫助一些低所得的借款人降低風險。研究人員所謂的**信用卡卡債之謎**（credit card debt puzzle）最能說明這點。「信用卡卡債之謎」是指研究人員觀察到，某些人縱使有積蓄能償還信用卡卡債，他們仍然繼續留著卡債。

舉例而言，某人的活期儲蓄存款戶頭裡有餘額 1,500 美元，他也有信用卡卡債 1,000 美元。這些人大可還掉卡債，戶頭仍然有 500 美元，但他們不這麼做。他們繼續留著卡債的決定看似不理性，但細究後會發現，這只是一種形式的分散風險。

學者歐爾加・戈巴契夫（Olga Gorbachev）和瑪莉亞・荷西・盧恩高－普拉多（María José Luengo-Prado）分析同時持有卡債和活期存款的個人（亦即有積蓄的負債者）後，得出此發現。他們發現，這類有積蓄

的負債者（borrower-savers）對於他們未來的信貸**管道**的觀念通常異於其他人。[30]

換言之，那些同時持有卡債和儲蓄的個人傾向擔心他們未來能否有得到錢的管道，因此，他們願意捨棄一些短期報酬（亦即願意支付卡債利息），以降低將來沒有充足的錢的長期風險。表面上看似愚蠢的行為，實際上是一種有理的理財方法。

不過，這不是人們願意持有高息負債的唯一原因。《走出貧窮》（*Portfolio of the Poor*）一書的作者們實地調查後，得出令他們驚訝的發現：某些世上最貧窮的人實際上使用負債**作為一種存錢的方法**。

舉例而言，居住於印度南部維加亞瓦達市（Vijayawada）的婦人西瑪有活期存款 55 美元，但她仍然以月息 15% 貸款 20 美元。被問到為何這麼做時，她回答：

> 因為在這利率水準下，我知道我很快就能償還這筆貸款。但若我把存款提領出來，就得花很長時間才能再存到這些錢。[31]

跟全世界的其他貧窮借款人一樣，西瑪用負債作為一種行為支柱，強迫自己存錢。從純數學的角度來看，這可能顯得不理性；但若你了解人類行為，就能明白個中道理。

所以，對負債貼上**好**或**壞**的標籤，其實是不對的。負債——不論什麼類別的負債，是一種財務工具，跟其他工具一樣，若妥當地使用，能對你的財務境況大有幫助；若使用不當，可能有害。

有益或有害，得視情況而定。雖然，我不希望你有卡債，但了解你**何時**應該考慮舉債，對你是有幫助的。

何時應該考慮舉債？

人們考慮舉債的理由很多，但最有用的舉債是以下兩類：

1. 為了降低風險。
2. 為了取得高於借款成本的報酬。

在降低風險方面，負債可被用來提供更多的流動性，使現金流暢通無阻，或降低不確定性。舉例而言，有人可能選擇不提早還清房貸，手頭上留下更多現金以備不時之需。在這種情況下，負債提供的可選擇性或許比債務成本更值得。

舉債，把支出變成未來的固定付款流，可降低不確定性。例如，若你想住在某特定地區，申請房貸可以使你未來數十年的住屋成本變成固定成本。這債務使你不再需要擔心房租波動或住房的保障性，因為你的未來付款是已知且不變的。

除了降低風險，舉債也可被用來創造**高於**借款成本的報酬。例如，付錢取得教育（學生貸款）、做小生意（企業貸款）或購屋（房貸），這些貸款的成本可能低於用途本身最終創造的報酬。

當然啦，魔鬼藏在細節裡。若你的期望報酬率和你的借款成本差距太小，那麼，舉債可能是危險之舉。但當預期報酬大時，舉債可能改變你的人生，這點在貸款以取得高等教育方面，通常是正確的。

為什麼取得大學文憑多半是值得的？

儘管大學教育的成本不斷升高，擁有大學文憑者的終身收入仍然比只有高中學歷者高出許多。

根據喬治城大學教育與勞力研究中心在 2015 年發表的一份研究報告，25 歲至 29 歲的高中學歷者的年收入中位數是 36,000 美元，而同年齡層擁有大學文憑者的年收入中位數是 61,000 美元。[32] 這年收入差距只有 25,000 美元，但是，以四十年職涯來算，差距就達到 100 萬美元。

很多媒體把這 100 萬美元視為一個學士學位的實際價值，但是，這個數字並未考慮到，你是歷經時日賺到這些錢（亦即沒有考慮到金錢的時間價值），也沒有考慮到取得大學文憑者和未取得者的人口結構差異性。

舉例而言，若即將上哈佛大學的高材生被迫不能念大學而進入職場，他們賺的錢可能比其他只有高中學歷的一般人還要多。

研究人員在分析中控制這類人口結構因素後發現，擁有大學文憑的男性終身收入比只有高中學歷的男性多出 655,000 美元，擁有大學文憑的女性終身收入比只有高中學歷的女性多出 445,000 美元。此外，經過金錢的時間價值調整後（亦即把未來所得轉換為現值後），大學教育帶給男性的終身所得收入溢額是 260,000 美元，帶給女性的溢額是 180,000 美元。[33]

這意味的是，平均而言，男性應該願意支付多達 260,000 美元來念大學，女性則是願意支付多達 180,000 美元。當然，這些金額代表的是大學教育的損益平衡點，理想上來說，你必須付出比這更少的金額才划算。

此外，這些估計只是平均值，不同科系的畢業生收入差異很大，因此，讀大學是否值得，最終還得取決於你選讀的科系。舉例來說，收入最低的科系（幼兒教育系）和最高收入的科系（石油工程系）的估計終身收入差了 340 萬美元。[34]

因此，在決定取得某個學位的成本是否值得時，你必須估計這學位將為你增加多少終身收入，再減去為了攻讀這學位而損失的所有收入。

例如，假設你想取得企管碩士學位，因為你認為在未來四十年，比起沒有學位，企管碩士可以使你的每年所得增加 20,000 美元，等於預期你的終身收入可增加 800,000 美元。

為計算這些未來所得的現值，正統的方法是把這些未來的所得流量以每年 4% 的折現率換算成現值。但有一個更簡單的近似估計法，那就是把終身收入增額除以 2。

這大約等於四十年的所得流量以每年 4% 的折現率換算成現值。我偏好這個捷徑法，因為現在就能在你的腦海裡計算：四十年間的終身收入增額 800,000 美元相當於現今的 400,000 美元。

最後，你應該減去你為了取得企管碩士學位而損失的所有收入。若你現在一年賺 75,000 美元，攻讀企管碩士需要兩年時間，你應該把期望的終身收入增額的現值減去 150,000 美元（兩年的收入損失）。因此，現在去取得企管碩士學位的話，其價值是：

（$800,000 / 2）－ $150,000 ＝ $250,000

所以，假設你現在一年賺 75,000 美元，為了使你的終身收入增加 800,000 美元，你願意為取得企管碩士學位而付出的最高成本應該是 250,000 美元。

你可以為不同的學位做這計算，把你的數字代入以下公式：

學位的現今價值＝
（終身收入增額 / 2）－為取得此學位而損失的收入

雖然，稅負之類的東西和其他變數可能會影響這計算，這仍然不失為估算取得一個學位是否划算的簡單方法。

算一下數字，你將會看出，就大多數的大學及研究所學位而言，取得學位（以及借款去攻讀）仍然是值得的。

舉例來說，我們知道，在美國，為取得學士學位，公立大學學生平均貸款約 30,000 美元。[35] 我們也知道，讀四年公立大學的平均每年自付費用為 11,800 美元。[36] 這意味的是，讀公立大學四年的總成本是 77,200 美元（$11,800×4 ＋ $30,000）。

簡單起見，我們就四捨五入地算它總成本 80,000 美元吧（或者，每年 20,000 美元）。假設四年間損失的收入是 120,000 美元（或者，每年 30,000 美元）。把這些數字代入上面公式裡：

$80,000 ＝（終身收入增額 / 2）－ $120,000
終身收入增額＝（$80,000 ＋ $120,000）×2 ＝ $400,000

也就是說，必須使終身收入增加約 400,000 美元（或者，每年增加 10,000 美元），一般美國公立大學的學士學位才值得。雖然某些大學文憑可能無法使終身收入增加這麼多，但許多大學文憑辦得到。

所以，借錢去讀書以取得學位，通常是個容易的決定。但說到貸款購屋或創業，算盤就不是那麼好打了。

當然，這些計算只考慮舉債的財務性成本，舉債也可能涉及非財務性成本。

舉債的非財務性成本

舉債可能不只是財務性質決策而已，實證研究表明，視債務種類而定，負債也可能影響你的身心健康。

例如，發表於《經濟心理學期刊》（*Journal of Economic Psychology*）

的研究文獻指出，未償還的信用卡卡債額較高的英國家計單位：「明顯較不可能呈現完全的心理健康」。[37] 不過，當檢視有房貸的家計單位時，就未發現這種負債影響心理健康的關聯性。

俄亥俄州立大學的研究人員也獲得相似的發現，他們指出，發薪日貸款（payday loan）、信用卡負債，以及向親友的借款，導致的壓力最大，房貸導致的壓力最輕。[38]

在身體健康方面，發表於《社會科學與醫學》（Social Science & Medicine）期刊上的一篇研究報告指出，金融負債相對於資產較高的美國家計單位：「感知的壓力和抑鬱程度較高，自我報告的一般健康狀況較差，舒張壓較高。」縱使把社會經濟地位、普通健康指標，及其他的人口結構因素控制後，結果仍然相同。[39]

所有這些研究都發現，**非房貸的金融負債**對身心健康有害，因此，理想上，你應該盡可能避免這種負債。

不過，在此並非指其他種類的負債不會導致壓力。事實上，視你的個性而定，你可能得避免所有種類的負債。

例如，一項對大學生所做的調查發現，花錢比較節省的學生對於信用卡卡債的憂慮程度較高，不論負債額多少都一樣。[40]

這顯示，有些人縱使沒有財務麻煩，也總是強烈**趨避**負債和舉債。我認識一些這樣的人，他們提早清償房貸，儘管他們不需要這麼做，只是為了心安。

儘管他們的這種決策不是最適的理財決策，但從心理觀點來看，可能是最適的。若你是這種厭惡負債者，儘管舉債有前文所述的一些好處，避免任何舉債可能對你比較好。

舉債作為一種選擇

回顧有關於負債的財務性及非財務性成本的文獻後，我發現，最能靠著舉債而受益的人是可以**選擇**何時舉債的人。若你能策略性地使用舉債來降低風險或增加報酬，那麼，你也許能藉由舉債獲得好處。

不幸的是，許多目前負債的家計單位沒有這種餘裕。根據銀率公司（Bankrate）的一項調查結果，2019年時，有28%美國人有一筆非預期性支出，這種支出的平均額是3,518美元。[41] 這金額不低，這是所得較低的家計單位會需要靠借錢來支應的原因。

更重要的是，幾乎可以確定，每個家計單位在未來的某個時點都會發生這種意料之外的支出。若我們假設每年發生一筆緊急支出的機率為28%，那麼，五年間發生至少一筆緊急支出的機率為81%，十年間的這種機率則是96%！

不幸的是，那些倚賴借錢來支應緊急支出的家計單位可能最終落入難以避開的惡性循環。線上貸款平台借貸樹（LendingTree）指出，2018年年底時，三分之一的美國人仍然因為前一次他們無法支應的緊急支出而背債。[42]

雖然，這其中的許多家計單位將會找到方法擺脫負債，但也有相當多的家計單位無法做到。聯邦準備理事會的研究人員發現，雖然有35%的美國家計單位在人生中的某個時點經歷財務困境（亦即嚴重的債務拖欠），這35%中的10%佔了所有債務拖欠事件的約半數。[43] 對少部分的家計單位而言，舉債不是一種選擇，而是一種必要。

我凸顯這點是因為，若你正在**考慮**要不要舉債，那麼，舉債對你而言是一種選擇，你比你以為的還要幸運。

概括地討論完舉債這個主題，接下來探討最普遍的、多數人面臨的舉債決策：我該租屋還是買房？

第 7 章

你該租屋還是買房？

如何思考你的最大筆購買

　　我的外公外婆在 1972 年以 28,000 美元買下他們在加州的房子，現在，這棟房子價值約 600,000 美元，增值超過 20 倍。就算經過通膨率的調整後，這棟房子也增值至三倍了。但是，除了財務報酬，我的外祖父母也在這棟房子裡養大了三個孩子（包括我媽），以及部分地養育了七個孫子輩（包括我）。

　　我愛那棟房子，我的聖誕夜幾乎都是在那棟房子裡度過的。我還記得在那棟房子的廚房裡吃外婆做的、塗上美味花生醬的鬆餅，我還記得那張永久凹陷的沙發，外公會坐在那沙發上看電視。我還記得我小時候在那棟房子的外面跌倒，被磚塊割傷了左邊的眉毛，後來，每次照鏡子時，看到那疤痕，我就會想起那棟房子。

　　聽到類似這樣的故事，很容易理解為何有那麼多人主張擁有房子勝過租屋。擁有自宅不僅幫助你創造財富，還能幫助你建立社會性財富，提供養育一個家庭的穩固基礎。有些人認為，這種情感性質的投資報酬是無價的。

　　但是，在「租屋 vs. 買房」的辯論中，把勝利頒發給買房這個陣營

之前，我們也得考慮買屋的許多其他成本。

買屋的成本

除了得支付房貸，買屋還有其他種種一次性及持續性成本。一次性成本包括頭期款及購屋的相關費用，持續性成本包括稅、維修、保險等等。

第一次購屋時，你應該要預期必須支付購買價格的 3.5% 至 20% 作為頭期款。要存這麼多錢，得花時間，但下一章會談到這麼做的最佳方法。

除了存錢支付頭期款，還有林林總總的成交成本，合計約為房價的 2% 至 5%。這些成交成本包括申辦費、鑑價費、貸款辦理費／審核費等等，有些賣方可能為買方承擔這些成交成本，這取決於你（或你的房地產經紀人）的議價能力。

說到房地產經紀人，這是購屋的其他大成本之一，美國的房地產經紀人通常對他們協助買／賣的每棟房子索取 3% 的佣金。若一筆交易中有兩位經紀人參與（一人代表買方，一人代表賣方），就得支付總價的 6% 作為經紀人佣金。

總計而言，購買一棟房子的一次性成本可能介於房價的 5.5% 至 31%，視頭期款、成交成本、雇用的房地產經紀人而定。若不計入頭期款，購買一棟房子的交易成本介於房價的 2% 至 11%。

所以，通常只有在購屋者將長住之下，購屋才有道理。若你買屋和賣屋太頻繁，光是交易成本就能把預期的價格上漲利得給吃掉了。

除了一次性成本，購屋的持續性成本也可能相當可觀。買了房子之後，你還得交房地產稅、維修費用以及保險，幸好，房地產稅和保險通常包含在每月房貸裡。不過，這些附加成本的大小取決於一些因素，例

如，房地產稅取決於你的房子坐落地及現行稅法。

《2017年減稅與就業法》（*Tax Cuts and Jobs Act of 2017*）提高標準扣除額後，對許多擁屋者而言，實際上就失去了擁屋的主要好處之一（扣減房貸利息）。許多稅法的變更（以及未來的稅法變更），將影響擁屋成本，這是其中一例。

在保險方面，你居住於何處，以及你購屋時支付的頭期款，都將決定你必須支付的保險費。頭期款低於房價20%者，通常在屋主保險之外，還要支付私人抵押貸款保險（private mortgage insurance，為了避免購屋者還不出房貸而形成的保險），大約是你的每年貸款額的0.5%至1%。若你貸款300,000美元，每年將支出1,500美元至3,000美元（或每月125美元至250美元）的私人抵押貸款保險費。

最後，從財務成本和時間成本的角度來看，房屋的持續維修費用可能相當可觀。維修費取決於你居住何處，以及你的房子建於何時，多數專家建議，每年的維修成本預算規劃是你的房價的1%至2%。若你購買時的房價是300,000美元，你應該預期每年的維修費介於3,000美元至6,000美元。

房屋維修除了財務成本，還要考量可觀的時間成本。我聽過親朋好友的太多故事，買房者就像有一份兼職，不論是請他人維修，或是自己做，要花的時間可能比你原先想像的要多。

這是更常被買房者忽略的成本之一，不同於租屋者，當房屋出了狀況，買房者得修繕。雖然，有些人在修繕房屋的工作中找到樂趣，但對許多人來說，這是煩惱與辛苦的事。

不論是檢視買屋的一次性成本或持續性成本，一棟房子有時會令人感覺像是一筆負債，不是一筆資產。當然，租屋者也不能幸免於這些財務成本，這些成本可能已經包含在每月的房租裡了。

不過，從風險的角度來看，租屋者和購屋者對這些成本的體驗大

不同。租屋者明確地**知道**在可預見的未來，他們將需要支付多少錢，購屋者則否，例如，一棟房子在某年的維修成本可能是當初購買的房價的4% 或 0%。這會影響到購屋者，不會影響到租屋者。

因此，短期而言，購屋的風險通常高於租屋的風險，接下來一年，購屋者的相關成本變動程度遠高於租屋者。但是，看更長期的話，這就有所改變了。

▌租屋的成本

每月房租以外，租屋的主要成本是長期風險，這風險體現於未知的未來居住成本、居住狀況的不穩定性，以及後續的搬遷成本。

舉例而言，租屋者雖然能夠把接下來 12 至 24 個月的住屋費用固定，但無法知道十年後的居住費用。他們總是支付市場租屋價格，而市場價格可能大幅波動。相較之下，購屋者明確知道他們未來將為住屋付多少錢。

更重要的是，租屋者的逐年居住狀況不穩定得多，你可能找到一間喜愛的房子，不料，房東大幅調漲租金，迫使你再度搬遷。這種居住的不穩定性可能導致財務和心理層面的煩擾，尤其是對想要建立家庭的人。

最後，由於居住的不穩定性，租屋者搬遷頻率遠高於購屋者。這一點，我有切身感受，因為自 2012 年至今，我住過全美各地的八間公寓，平均一年換一間，雖然，親友幫忙之下，有幾次搬家比較不花錢，但有時需要請搬家公司，且費用高得多。

不論從哪方面看，租屋者面臨許多購屋者不會面臨的長期風險。但租屋者不太可能有的風險是：他們買房子的投資報酬率不好。

▎購屋作為投資

不幸的是，資料顯示，在美國，以購屋作為投資的報酬並不是那麼好。贏得諾貝爾獎的經濟學家羅伯·席勒（Robert Shiller）計算經過通膨率調整後的美國住屋投資報酬率，自 1915 年至 2015 年，年報酬率只有 0.6%。[44] 更重要的是，這報酬有大部分是產生於 2000 年以後。

如＜圖表 7-1 ＞所示，從 1800 年代末期到 1900 年代末期，經過通膨率調整後，美國的房價指數基本上是持平的。

也就是說，在那一百年間，經過通膨率調整後，美國的房價並無大波動。雖然，過去幾十年間，美國的房價上漲，但這種趨勢會不會持續至未來，我不是很有信心。

當你想把美國住房當成一項投資時，必須把它拿來和別種資產在同一時期的投資報酬率相較，這是所謂的投資的「機會成本」。

圖表 7-1　自 1890 年以來的美國房價指數

　　舉例而言，我的外公外婆花 28,000 美元買房子，在 1972 年至 2001 年間，每月支付房貸 280 美元。2001 年左右，這棟房子的市價約 230,000 美元。但若他們沒買房子，把這筆錢投資於 S&P 500 指數呢？

　　若他們在 1972 年至 2001 年間，每月投資 280 美元於 S&P 500 指數，並且把獲得的股息再投資，到了 2001 年，他們會有超過 950,000 美元。這還不包括他們的頭期款呢！若他們也把頭期款投資於 S&P 500，到了 2001 年，他們會有超過 100 萬美元。

　　雖然，我的外公外婆住在加州——美國房地產史上，數十年報酬率最佳的地區之一，他們的房子賺得的報酬僅為美國股市指數投資報酬的約四分之一。

　　當然啦，從感情上來說，持有美國股市指數三十年比償還房貸要難多了。當你擁有一棟住宅時，你不會天天取得這房子的市價報價，你大概也從不會見到它的價值跌了一半。但股市就不一樣了，1972 年至 2001 年間，美國股市歷經三次大崩盤（分別是 1974 年，1987 年，以及網際網路公司泡沫破滅），其中兩次崩盤的跌幅超過 50%！

　　這使得房屋徹底不同於股票和其他風險性資產。你的房子的價值不太可能崩跌，但也不太可能是使你致富的長期票。更重要的是，縱使你看到房價顯著提高，也必須是你賣掉它、購買更便宜的別棟房子（或是你賣了房子，改為租屋）後，你才能取得這報酬。

　　這是否意指你應該永遠租屋，把購屋和擁屋需要花費的所有錢轉投資於其他資產呢？未必。如前所述，你也必須考慮擁有自宅的非財務性理由。但更重要的是，擁屋還有你應該考慮的社會性理由。

購屋的重點不是要不要買，而是何時買

　　雖然，買房不太可能是一種優異的長期投資，但有社會性理由

支持你或許應該購屋。根據消費者財務調查（Survey of Consumer Finances），2019 年時，美國的擁屋率為 65%。[45] 檢視所得與財富水準較高的家計單位，他們的擁屋率更高。

舉例而言，美國普查局（U.S. Census Bureau）的研究人員發現，2020 年時，所得高於所得中位數的美國家計單位的擁屋率高達近 80%。[46] 我自己的計算顯示，在消費者財務調查中淨財富超過 100 萬美元的美國家計單位，擁屋率超過 90%。

為何擁屋是如此普遍的現象呢？除了政府補貼和主流文化鼓勵擁屋，擁屋也是許多美國家計單位累積財富的主要方式。

使用來自 2019 年消費者財務調查的資料，研究人員發現：「住屋佔最低所得層家計單位的總資產的近 75%，……但僅佔最高所得層家計單位的總資產的 34%。」[47] 不論你位居哪一個所得水準層級，你的房子都可能是創造財富的一個源頭，儘管這並不是最理想的。

更重要的是，購屋可能是你此生最大的財務決策，這是一個可被社會接受、且對人生中的許多其他事情攸關至要的決策。住宅決定你居住於什麼社區、你的小孩讀什麼學校等等。若你決定終身租屋，沒關係，但你可能因此被排除於某些社區之外。

所以，買得起房子的人大都會買房。因此，你應該思考的更重要問題不是該買房抑或租屋，而是**何時**該考慮買房，而非租屋。

▋購屋的適當時間

當你能符合下列條件時，就是購屋的適當時間：

- 你計畫在這地點待上至少十年。
- 你有穩定的私人及職業生活。

- 你買得起。

若你不符合上述所有條件，你或許應該租屋。下文解釋為什麼。

前文提到，購買一棟房子的交易成本介於房價的 2% 至 11%，因此，你應該要確定你將在這棟房子居住夠久的時間來彌補這些成本。務實起見，我們選擇這範圍的中間點，假設購屋的交易成本是 6%。我們使用席勒所估計的美國房屋實質年報酬率 0.6%，這意味的是，美國住屋通常得經過十年，其增值才足以彌補這 6% 的交易成本。

若你計畫在一地區待上十年，但你的私人或職業生活不穩定，那麼，購屋可能不是正確的選擇。例如，若你單身時買了一棟房子，當你決定成家時，可能需要賣掉這房子，換個更大的。此外，若你經常換工作，或你的收入起伏甚大，那麼，貸款買房可能使你的財務陷入風險。不論何者，不穩定性使你更可能在長期付出較高的交易成本。

所以，當你較能預測你的未來時，貸款買房最合適。當然，未來從來不是確定的，但你對未來更透澈、更有把握，你愈可能較放心地購屋。

若你買得起，你購屋的放心程度更高。所謂「買得起」，指的是你能提供房價的 20% 作為頭期款，並且把你的〔負債 / 所得〕比維持在 43% 以下。我選擇 43% 這個比率，是因為這是你能符合申請房貸資格的最高〔負債 / 所得〕比，亦即維持在 43% 以下，你的貸款違約風險較低。[48] 在此提醒，〔負債 / 所得〕比定義如下：

$$\text{〔負債 / 所得〕比} = \text{每月債款 / 每月所得}$$

因此，若你計畫每月房貸為 2,000 美元，你目前的每月總所得為 5,000 美元，假設你沒有其他債務還款，那麼，你的〔負債 / 所得〕比為

40%（亦即 $2,000 / $5,000）。若你的〔負債 / 所得〕比更低，自然是更好。

此外，購屋時，若你不需要支付高達 20% 的頭期款，**仍然應該**在有能力支付 20% 的頭期款時才考慮購屋。這個差別很重要，有能力支付 20% 的頭期款，代表你有長時間下來存足夠的現金的責任感。

若你能付 20% 的頭期款，但選擇不付那麼多，大概也沒關係，我能理解，把這麼多現金投入於房子這種較難快速變現的投資，短期來說可能有相當的風險。但是，能支付更高的頭期款，通常代表你買得起更貴（可能也更大）的房子。

若你正在考慮到底該存更多錢，買更大的房子，或先買個起步房，以後再換個更大的，我建議你等一等，買更大的。因為考量到交易成本，最好是繼續存錢，等日後購買目前稍稍超出你預算的房子，勝過先買起步房，幾年後賣掉及換屋。

我知道，這聽起來得冒險，但購屋時，風險最大的部分是頭幾年。歷經時日，你的所得可能隨著通膨而成長，但你的房貸還款不會。

我的外公外婆就有這種親身經歷，1970 年代的高通膨率使他們的實質房貸還款減半，十年後的 1982 年，他們的實質房貸還款再度因為通膨而減半。租屋者就享受不到這益處了。

不論你在購屋方面要做什麼決定，重點是要適合你的個人與財務境況。購屋可能是你一生當中最大的、最帶感情的財務決策，你應該花時間把它做對。

不論你目前落在「租屋 vs. 買房」旅程中的何處，你都應該知道存錢以支付頭期款的最佳方法，這是下一章探討的主題。

第 8 章

如何存錢以支付頭期款（及其他的大額購買）？

為什麼存錢的時間長短很重要

你決定要賭一把。

你想買你的第一棟房子。或者，你想結婚。或者，你只是想要買輛新車。不論你決心做什麼，你都該開始存錢。

但這麼做的最理想方法是什麼？你該讓你的錢以現金形式放著，抑或應該在等候的同時，把錢拿去投資？

我問過多年來共事的一些財務顧問，他們全都給出相同的回答：現金，現金，現金。說到存錢以支付頭期款（或其他的高價商品），現金是達成這目標的最安全途徑。就這樣，沒別的了。

我知道你在想什麼：**不必考慮通膨嗎？**是的，在存錢的過程中，通膨每年都會使你的錢貶值幾個百分點。不過，由於你只是存錢一段短時期（幾年），這影響還小。

舉例而言，若你需要存 24,000 美元以支付一棟房子的頭期款，你可

以一個月存1,000美元,那麼,若無通膨,24個月(兩年)就能達成目標。

但若這兩年間的年通膨率為2%,你得多存一個月的1,000美元,才能達成目標。這意味的是,名目上,你存了25,000美元,但因為通膨,這筆錢的實質購買力是24,000美元。

這雖不理想,但為了保證日後當你需要時會有這筆錢,這是一個很小的代價。總的來看,這多出來的一個月並不是很大的成本。所以說,在為大額購買而存錢方面,現金是最保險、風險最低的方法。

但是,若你想在存錢的同時對抗通膨呢?或者,若你需要存錢的期間比兩年還要長呢?現金仍然是最佳選擇嗎?

為回答這問題,就來比較現金形式的儲蓄和債券形式的儲蓄。

▍債券形式的儲蓄優於現金形式嗎?

為檢驗投資債券是否優於持有現金,我們繼續以每月存1,000美元為例,但這回,我們將把這些錢投資於美國國庫券(U.S. Treasury bonds),我們透過債券型交易所交易基金(exchange-traded fund,ETF,譯註:ETF是以股票指數、債券指數、貨幣、遠期交易契約、商品等為標的的基金,交易方式和股票相同)或指數型基金來投資。購買美國國庫券,可以賺得一些報酬,同時又持有這種低風險資產。

既然如此,投資美國國庫券,**有什麼不好呢**?

低風險不等於零風險,如<圖表8-1>所示,中期美國國庫券經常價值下跌3%或更多。

這些債券價格的尋常波動顯示,相較於現金存款,把你的存款投資於債券,可能使你的存錢目標**延後達成**。

回到我們的例子,每個月存1,000美元,直至存到24,000美元。但若你把存款投資於債券,在接近終點線時,債券價格下跌3%,將使你

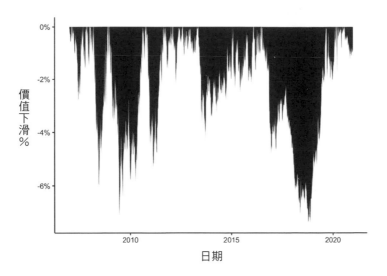

圖表8-1　中期美國國庫券的價值下滑情形

的投資資產價值降低近 750 美元（大約是 24,000 美元的 3%）。這種價值的下滑，更晚發生比更早發生還要糟，因為更晚發生的話，你已經投資的錢較多，損失也更多。

　　為彌補這下滑，你將必須多存 1,000 美元（亦即多存錢一個月），才能達成你的 24,000 美元的目標。所以，就算投資於債券，你可能也得花比預期的 24 個月還要長的時間，才能達成你的存款目標。

　　事實上，若我們回溯至 1926 年的每一段期間，持續套用以上儲蓄與投資計畫，得出的就是這樣的結果。每個月投資 1,000 美元於美國國庫券，為了存 24,000 美元（經過通膨率調整後），平均得花 25 個月。

　　如＜圖表 8-2 ＞所示，把每個月的存款投資於債券的話，有時得花超過 25 個月，才能達成 24,000 美元的存款目標，但有時花的月數較少。

　　儘管如此，比起現金存款，投資債券仍然較快達成我們的目標。我們回溯至 1926 年的話，持續套用現金存款模式，經過通膨率調整後，

圖表8-2　每月存1,000美元，全部投資於債券，需要花幾個月才能達到24,000美元存款？

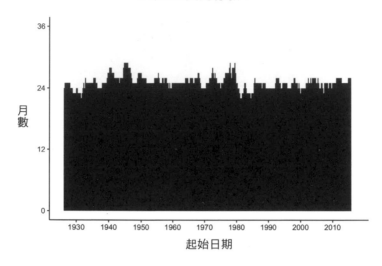

月數

起始日期

平均得花26個月，才能達成24,000美元的存款目標。

　　為何比前文所說的25個月還要長呢？因為通膨率的長期變化。若通膨率一直維持在2%，現金存款形式就總是需要花25個月來達成24,000美元的存款目標，但較高的通膨率意味著你將需要更久才能達成存款目標。事實上，在某些期間，每月存1,000美元現金，你得花將近30個月，才能達成24,000美元的存款目標。

　　當存錢時程約兩年時，債券通常贏過現金，但差距並不多。投資債券的話，25個月可以存24,000美元；現金存款的話，26個月可以達成這目標。

　　比起擔心當你需要錢時債券價格可能會暴跌，多存錢一個月算是小麻煩。

　　事實上，自1926年以降，有30%的時候，持有現金在達成存款24,000美元的目標所花的時間和投資債券一樣長，或短一些。

這顯示，當存錢的時程少於兩年時，持有現金可能是最佳選擇，因為你的錢可能發生的風險較低。就這種情況來說，我詢問的那些財務顧問的直覺是正確的。

但是，若你為了大額購買而存錢的期間得超過兩年的話呢？該改變你的策略嗎？

若存錢的時程得超過兩年呢？

當存錢的時程超過兩年時，以現金形式持有你的儲蓄，其風險可能遠比表面上看起來要大。

舉例而言，若你想藉由每月存 1,000 美元，達成存款 60,000 美元的目標，你會預期，在沒有通膨之下，得花 60 個月（五年）。

但是，若你回到 1926 年，實際這麼做的話，有 50% 的時候將會花你 61 至 66 個月來達成這目標，比你預期的時間多一到六個月；15% 的時候要花上 72 個月或更長的時間來達成這目標，比你預期的時間多 12 個月，參見＜圖表 8-3 ＞。

在完全持有現金之下，平均得花 67 個月才能達成存款 60,000 美元的目標。為什麼？因為時程愈長，通膨對你的購買力的影響愈大。

若投資債券，平均只花 60 個月就能達成存款 60,000 美元的目標，參見＜圖表 8-4 ＞。

由於債券提供一些報酬，這報酬可以抵消通膨的影響，幫助保持你的購買力。

更重要的是，相較於我們試圖以 24 個月的期間存上 24,000 美元，試圖用 60 個月期間存上 60,000 美元時，持有現金的風險比較大。

現在不再是多存一、兩個月的錢就能彌補通膨的影響了，平均需要多存七個月的錢，才能彌補影響，達成存款目標。

圖表8-3 在完全持有現金之下,存60,000美元需要花多久時間?

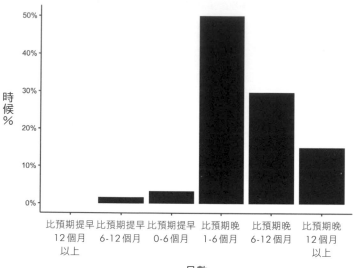

時候%

月數

比預期提早
12個月
以上

比預期提早
6-12個月

比預期提早
0-6個月

比預期晚
1-6個月

比預期晚
6-12個月

比預期晚
12個月
以上

圖表8-4 在完全投資於債券之下,存60,000美元需要花多久時間?

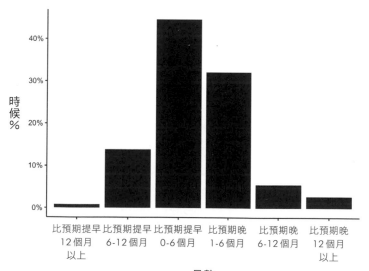

時候%

月數

比預期提早
12個月
以上

比預期提早
6-12個月

比預期提早
0-6個月

比預期晚
1-6個月

比預期晚
6-12個月

比預期晚
12個月
以上

是的，在一些情境下，你仍然能夠靠著只持有現金，以 60 個月的時間達成存款 60,000 美元的目標，但可能性不大。因為在時程較長之下，持有現金的風險大於持有債券的風險。

從＜圖表 8-5 ＞可以清楚地看出，為達成存款 60,000 美元的目標，完全持有現金的方法將比投資於債券需要**多存幾個月**的錢。

你可以看到，當存錢的時程更長時，在我們檢驗的所有時期，持有現金的表現都比投資債券來得差。

這是否意味著，有一個最適點，你應該在這最適點上停止現金形式的儲蓄，開始改為債券形式的儲蓄？我們無法確切地這麼說，但可以得出一個好的推測。

舉例而言，因為兩年的存錢時程之下，持有現金稍微有利，五年的存錢時程之下，投資債券明顯有利，因此，「切換點」將落在這兩者之間。回顧資料後，我發現，這個點似乎是三年左右。**若你的存錢時程比**

圖表8-5　為了存60,000美元，完全持有現金的方法將比投資債券需要多存幾個月的錢？

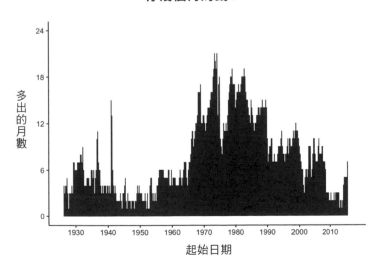

三年短，那就持有現金；若存錢時程超過三年，那就投資債券。

把這法則套用於整段歷史進程，你將會發現，你的 36 個月存錢目標若是採用債券形式的儲蓄，將花約 37 個月，若採用現金形式的儲蓄，將花約 39 個月。這是一個不錯的經驗法則，有歷史的佐證，不論是高通膨時期、低通膨時期，或介於其間，都適用。

現在有一個新疑問：投資股票，會不會比投資債券更好呢？

▌股票形式的儲蓄優於債券形式的儲蓄嗎？

我們來看看每個月存 1,000 美元，並投資 S&P 500 指數，而非投資美國國庫券的情形。

這種策略是否優於投資債券呢？絕大部分時候，投資於股票的表現較佳，但有時候，投資於股票的表現明顯比投資債券來得差。

舉例來說，你每個月存 1,000 美元，存款目標是 60,000 美元，若你把每月存款投資債券的話，需要 60 個月來達成存款目標，但若投資於股票的話，只需花 54 個月。

＜圖表 8-6 ＞顯示在 1926 年以後的整段歷史中，投資於股票得要花多少個月，才能達成存款 60,000 美元的目標。例如，若你從 1926 年開始每個月投資 1,000 美元於美國股市的話，約 37 個月後就能達成存款 60,000 美元的目標。

但是，從＜圖表 8-6 ＞可以看到，有時得花遠遠更長的時間才能達成目標。在＜圖表 8-6 ＞中的峰期，超過了 72 個月。

為什麼？

因為在股市大崩盤時期（例如 1929 年，1937 年，1974 年，2000 年，2008 年）投資股票，相較於投資債券，你需要多存錢和投資一年（或更長的時間），才能達成存款目標。

圖表8-6　每月存1,000美元，全部投資股票，需要花幾個月才能達到60,000美元存款？

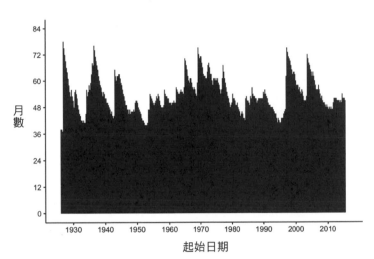

　　更重要的是，這分析假設**不論**在怎樣的經濟情況下，你都能每個月投資1,000美元，但你實際上未必能做到。

　　市場大崩盤後，你可能失去工作，或者有其他的財務需求導致你存不了錢。這是用股票來為大額購買存錢的風險。

　　不過，為大額購買而存錢投資的決策，不需要這麼孤注一擲，你不需要選擇完全投資股票或完全投資債券。事實上，為五年後（或更久之後）的大額購買而儲蓄時，你可以使用更合適於你的時程和風險偏好的均衡投資資產組合。

▌為什麼時程是最重要的因素？

　　根據上述實證分析，很顯然，當你要為大額購買而存錢時，應該採用哪種形式的儲蓄依存錢時間長短而定。

　　較短的時程，現金是王道；隨著時程拉長，你就必須考慮其他選擇。除非你願意承受每年的通膨造成的幣值侵蝕，否則，你必須投資債券或股票，使你的錢能夠歷時而保持購買力。

　　最後，這分析假設你將堅持定期存錢，直到達成存款目標。但如同前面幾章談到的，我們的財務狀況鮮少如此穩定。

　　若你比預期的時程**提早**達成目標，那就恭喜你，你可以立刻買下那項高價商品了。

　　但若你需要等候一段時間，做出這大額支出（例如在一個定好的未來日期結婚），你就需要把你存的錢拿去做某種投資，以保持其購買力。

　　這意味的是，要不就是把錢投入於報酬成長較高的投資，要不就是在通膨的預期下，存更多現金（亦即必須高於你的名目存款目標）。

　　不論何種方式，某些個人理財領域，與其說是一門科學，不如說是一門藝術。所以，我建議你根據你當下可得的投資選擇來調整你的策略。

　　探討完如何存錢以支付高價商品，接下來要回答的是關於儲蓄的最大疑問：你何時可以退休？

第 9 章

你何時可以退休？

為什麼金錢不是最重要的因素

想像你有一顆水晶球，能告訴你有關於你的未來財務境況。這神奇的水晶球知道你未來數十年的支出和投資報酬。有這個神器，你就能完美地規劃何時可以退休，用你退休後的所得來支應開銷需求。

可惜，這種神器不存在。我們或許能根據你期望的退休後生活方式來估計未來開銷，但我們不知道你將獲得怎樣的投資報酬，也不知道你將活多久。

所以，獲得諾貝爾獎的經濟學家威廉・夏普（William Sharpe）說，退休是「財務領域最棘手、最困難的問題」。若這是個容易的問題，就不會有一整個產業專門致力於幫助人們度過人生的這段時期了。

不過，儘管這是個難題，還是有一些簡單法則可用來研判你何時能退休。其中最簡單的法則之一是 **4% 法則**（The 4% Rule）。

▍4% 法則

財務顧問威廉・班根（William Bengen）想知道，退休人士每年可

以從他們的投資資產中提領多少錢而不致把錢花光。他在 1994 年發表了顛覆財務規劃界的研究心得。

　　班根的研究發現，縱觀歷史，退休人士每年可以提領 4% 的投資資產（債券與股票各半）至少三十年而不致把錢花光。縱使為了應付通膨，每年的提領金額成長 3%，這法則依然適用。[49]

　　因此，若某人有 100 萬美元的投資資產組合，他可以在退休後的第一年提領 40,000 美元，第二年提領 41,200 美元，以此類推**至少三十年**，不致把錢花光。事實上，歷史上不太可能出現使用「4% 法則」而把錢花光的情形。財務規劃專家麥克·基茨（Michael Kitces）對「4% 法則」進行回溯至 1870 年的分析後發現：「三十年後，財富增加為 5 倍的情形比花光投資本金的情形更常見。」[50]

　　不過，「4% 法則」雖極為成功，但在年提領率方面有其限制。班根檢驗 5% 的年提領率後發現，這提領率太高，無法在整個歷史進程中維持可行，在一些期間，5% 的提領率只能讓退休人士撐二十年，就會花光錢。由於不能只撐二十年，因此，他建議 4% 是最高的安全提領率。

　　班根的「4% 法則」的巧妙之處，在於它為一個原本複雜的問題提供了一個簡單的解方，你不必再為不知道退休後的第一年能花多少錢而煩惱，只需簡單的計算就行了。

　　更重要的是，這法則可被用來估算你需要存多少錢才可以退休。由於我們知道你退休後的第一年可以提領你的總退休儲蓄的 4%，因此，我們知道：

- 4%× 總退休儲蓄＝年支出；用分數取代百分率，得出：
- 1/25× 總退休儲蓄＝年支出；兩邊乘以 25，得出總退休儲蓄：
- 總退休儲蓄＝ 25× 年支出

結果出來了！

遵循「4% 法則」，你需要的總退休儲蓄是你退休後第一年的預期支出的 25 倍，存到了這筆金額，你就可以退休了。第 5 章討論到加薪可能如何影響你的退休儲蓄時，我說得有 25 倍於年支出的儲蓄才能退休，就是用這「4% 法則」推算出來的。

所幸，你大概不需要有 25 倍於年支出的儲蓄，才能支應你的退休生活開銷。假設退休後，你將獲得某種保障所得（例如來自社會安全給付的福利），你需要的總退休儲蓄是預期年支出**減掉這筆未來所得**後的金額的 25 倍。

例如，若你計畫退休後每個月支出 4,000 美元，並且預期每個月可以獲得 2,000 美元的退休金，那麼，你只需要存夠支應每月多出的 2,000 美元（或一年 24,000 美元）就行了。

我們把這稱為「年超額支出」（annual excess spending），那麼，決定你必須存多少錢才能退休的公式就變成：

‧ 總退休儲蓄＝ 25× 年超額支出

使用這公式，意味的是你需要有 600,000 美元（$24,000×25）的儲蓄才可以退休。退休的第一年，你可以提領 24,000 美元；第二年可以增加提領 3%，亦即 24,720 美元，依此類推。

班根的「4% 法則」雖簡單，仍然有不贊同此法則的人。例如，一個常見的反對論點是，這法則提出之時，債券的殖利率和股票的股息殖利率遠高於它們現今的報酬。因此，一些財金專業人士認為，「4% 法則」不再適用。

殖利率是你在一段期間獲得的債券或股票的收益，若殖利率下滑，你的這筆收益也降低。若你投資 1,000 美元於債券，殖利率為 10%，你

每年將可獲得 100 美元的收益。但若債券的殖利率只有 1%，那麼，你這筆 1,000 美元的投資一年最多只賺 10 美元。同理也適用於股票的股息殖利率。

雖然，自「4% 法則」提出以來，殖利率呈現下滑趨勢，班根認為這法則仍然有效。他在 2020 年 10 月的「財務顧問成功播客」（Financial Advisor Success Podcast）節目中說，由於現在的通膨率比以往低，安全的提領率可能已經從 4% **提高**到 5%。他說：

> 在低通膨環境下，你的提領增加速度也慢得多，因此可以彌補你忽視不了的較低投資報酬率。[51]

若班根的推理正確，那麼，「4% 法則」可能仍然是回答「你何時可以退休？」這個問題的最簡單方法。

不過，我雖很喜歡「4% 法則」，但它的假設是退休人士的支出將歷經時日保持穩定，當我們檢視實證資料後發現，人們愈老時，支出愈少。

▎為什麼退休後的支出減少？

摩根資產管理公司（J.P. Morgan Asset Management）分析 60 多萬個美國家計單位的財務行為後發現，45 至 49 歲年齡層家計單位的支出最高，更高年齡層家計單位的支出遞減，尤其是退休年齡層，支出遞減的現象更明顯。

例如，他們發現，在大眾富裕階層家計單位（mass affluent households，可投資財富介於 100 萬美元至 200 萬美元的家計單位）這個族群中，65 至 69 歲年齡層的平均年支出為 83,919 美元，75 至 79 歲年齡層的平均

年支出為 71,144 美元，比較年輕的年齡層少了 15%。[52]

　　他們又分析來自勞工統計局的消費者支出調查的資料，也得出相似的結論。65 至 74 歲年齡層的美國家計單位平均年支出為 44,897 美元，而超過 75 歲的家計單位，平均年支出只有 33,740 美元，較老年齡層的年支出少了 25%。

　　此外，這支出的減少中有大部分發生於服飾與服務、房貸償還及交通等類別，這顯然是有道理的，年紀大的家計單位較可能已經償清了既有的房貸，也較不可能購買新衣或新車。

　　但更重要的是，同一群家計單位也隨著年齡增長而減少支出。也就是說，現今 75 歲的家計單位不僅年支出比現今 65 至 74 歲年齡層家計單位的年支出少，這些 75 歲的家計單位的年支出也比他們本身在 65 至 74 歲時的年支出少。

　　波士頓學院退休研究中心（Center for Retirement Research）的研究人員在檢視已退休的家計單位的支出行為後，發現退休後的家計單位的支出通常每年減少約 1%。[53]

　　設若這估計正確的話，代表退休第一年支出 40,000 美元的家計單位，到了退休的第十年時，年支出大約是 36,000 美元，到了退休的第二十年時，年支出僅 32,000 美元。

　　因此，說到退休後的支出，「4% 法則」是比較保守的，這法則還假設，為了應付通膨，每年的提領金額將**成長** 3%，但實證顯示，更可能是每年**減少** 1%。當時，這種保守性質使「4% 法則」更加吸引一般的退休人士。

　　不過，我雖很喜歡「4% 法則」的簡明易懂，仍有些人不會安心自在的看著他們的資產因為開銷而逐年減少。若你是這樣的人，或是你計畫過上三十年以上的退休生活，那麼，你或許可以考慮**跨越點法則**（Crossover Point Rule）。

▎跨越點法則

決定「你何時可以退休？」的另一種方法是，找出你的每月投資收益大於你的每月支出的那一點。薇琪・魯賓（Vicki Robin）和喬伊・杜明桂（Joe Dominguez）在他們的合著《跟錢好好相處》（*Your Money or Your Life*）中稱此為「跨越點」（the Crossover Point，交叉點）。[54]

之所以取名「跨越點」，是因為在這個點，你的月收入超過月支出，使你實現財務自由。這很重要，因為「跨越點法則」可用來代表任何年齡的財務獨立。

舉例而言，若你的每月支出為 4,000 美元，一旦你的投資能帶給你每月超過 4,000 美元的收益，你就達到跨越點了。

如何知道你需要多少的錢，才能超越你的跨越點呢？我們稱這金額為你的**跨越資產**（crossover assets）。

從以下的公式著手：

每月投資收益＝跨越資產 × 月投資報酬率

可以確知，這公式是正確的，因為你的可投資資產乘以你的月投資報酬率，等於你的每月投資收益。

我們也知道，在你的跨越點上，你的每月投資收益等於每月支出。因此，這公式可以改寫為：

每月支出＝跨越資產 × 月投資報酬率

兩邊除以月投資報酬率，得出跨越資產：

跨越資產＝每月支出 / 月投資報酬率

在上述例子中，你的每月支出是 4,000 美元，因此，計算你的跨越資產時，只需把這數字除以你的預期月投資報酬率即可。

若你預期你的投資年報酬率是 3%，把它除以 12，就是你的月投資報酬率近似值。請注意，這簡單的計算方法只是得出近似值，若要計算正確的月投資報酬率，請使用以下公式：

$$月報酬率＝（1 ＋年報酬率）^{(1/12)} － 1$$

在此例中，月投資報酬率近似值為 3% / 12=0.25%（或 0.0025）。

把你的每月支出除以這月報酬率（$4,000 / 0.0025），得出 160 萬美元，這是達到你的跨越點所需要的可投資資產金額。換言之，在月報酬率 0.25%（年報酬率約 3%）之下，160 萬美元為你賺得每月 4,000 美元的收益。

這跟「4% 法則」相比，如何？

「4% 法則」要求你的儲蓄達到你的年支出的 25 倍時才能退休，這意味的是，你需要 120 萬美元（25×$48,000），稍少於「跨越點法則」要求的 160 萬美元。但這是因為你在使用「跨越點法則」時所假設你的資產的年報酬率為 3%；若你的投資資產能賺到 4% 的年報酬率，那麼，這兩種法則都會建議你相同可退休儲蓄額：120 萬美元。

「跨越點法則」只不過是另一種用簡單數學來解決「何時可以退休？」這個複雜問題的方法。儘管有截至目前談到的法則、公式、指引，實際上，退休後，你最大的煩惱不太可能是金錢。

退休後更大的煩惱

截至目前為止，在回答「你何時可以退休？」這個問題時，我們聚焦於**財務**面。但是，當你終於決定告別朝九晚五的工作而退休時，你的財務可能是你最不煩惱的層面。誠如厄尼・澤林斯基（Ernie Zelinski）在其著作《40 歲開始考慮退休》（*How to Retire Happy, Wild, and Free*）中所言：

> 有許多因素會影響現今退休人士的快樂與滿足感，不只是一般認為的銀行裡有沒有 100 萬或 200 萬存款。事實上，對於多數退休人士，身體健康、心理健康，以及堅實的社會支持等層面的影響大過財務境況。[55]

澤林斯基說，關於退休，你需要擔心的不是財務危機，而是**存在危機**（existential crisis）。我聽過其他人說出類似的感想，他們早早就達到財務獨立的境界，但反而不快樂。例如，因為參加《創智贏家》（*Shark Tank*）節目而贏得「Mr. Wonderful」名號的加拿大企業家凱文・奧利里（Kevin O'Leary）談到他在 36 歲時賣掉他的第一間公司後退休：

> 我退休了三年，真是無聊透了。工作不只是為了賺錢，人們通常不了解這點，直到停止工作後，才有這感悟。
>
> 工作定義你，工作提供一個讓你和他人社交往來的場所，讓你可以整天以有趣的方式和他人互動。工作甚至幫助你活得更久，工作非常、非常有益於大腦的健康……所以，我何時退休？我絕不退休，絕不。
>
> 我不知道我死後會去哪裡，但到了那裡，我也會工作。[56]

撇開玩笑不談，奧利里的這番話點出了有關於工作的價值，以及工作對於一個人的身分意義有多重要。有些人沒有工作之後，在他們的其他生活領域裡可能很難找到意義。

作家朱利安・夏皮洛（Julian Shapiro）在談到他的朋友賺大錢後受到什麼影響時，做出以下總結：

> 我觀察那些把他們的新創事業賣掉而賺進成百上千萬美元的朋友：一年後，他們又回來搞他們以前沒完成的業餘專案。他們用賺到的錢買好房子，吃好的，僅此而已。除此之外，他們仍然是以往的他們。[57]

你認為澤林斯基、奧利里或夏皮洛在撒謊嗎？他們沒有。決定退休遠非只是一個財務性決定，它也是一種**生活方式**的決定，因此，想知道你何時可以退休，你必須想清楚你退休後要做**什麼**。

你將如何度過你的時間？

你將和哪些社會團體往來？

你的最終目的是什麼？

對這些問題有了好答案，你就可以退休，否則，你可能讓自己步入一個失望且失敗的未來。我固然很希望你在財務面成功，但若你在心理、情緒及身體健康等方面不成功，就算財務面成功，也是枉然。

這也是我不熱中「FIRE」（financial independence retire early，經濟獨立，早早退休）運動的原因之一。有些人能夠在 35 歲時擺脫激烈競爭的戰場，享受生活，但這對其他人而言，很難，而且不是因為財務性質的原因。

舉例而言，在一場有關於「FIRE」運動的線上討論會後，一位名叫泰倫斯（非真名）的男性在推特上聯繫我，述說他身為 FIRE 游牧民族的

體驗。泰倫斯在兩年前退休，現在周遊世界，每次在愛彼迎（Airbnb）
租房生活一到三個月。雖然，許多人會嚮往這種生活方式，泰倫斯卻形
容他的生活是「孤獨的存在」，最終將不適合多數人。他結論：

> 擁抱漂泊的 FIRE 生活方式，意味的是接受你不再是個相
> 關或重要的人，某種程度上，你如今生活在介於存在與不存在
> 之間的以太。[58]

這可能是一種滿嚇人的感受。雖然，泰倫斯的體驗並非 FIRE 族的
常態，這仍然展示了早早退休的一些可能的缺點。

我分享泰倫斯的故事是因為它說明了一個重要事實：雖然，金錢能
解決你的許多問題，但無法解決你的所有問題。金錢只是幫助你獲得人
生中想要的東西的一種工具，但想清楚你的人生究竟想要什麼，這才是
困難的環節。

討論完儲蓄的最大目標──退休，接下來進入本書的第二部：投
資。我們首先探討為何你應該投資。

投資

第 10 章

為何你應該投資？

基於三個理由，必須使你的錢成長

直到十九世紀末，「退休」這概念才出現，在此之前，多數人一直工作到離世，他們的人生中沒有退休後的「黃金歲月」，沒有培養新愛好，沒有在海灘上散步幾小時的悠閒自在。

1889 年，德意志帝國宰相俾斯麥（Otto von Bismarck）開創先河，設計出舉世第一個政府支持的退休制度。在當時，年滿 70 歲的人都有資格獲得政府資助的退休金。

當被問到為何推出此制度時，俾斯麥回答：「因為年齡和病弱而無法工作的人有充分理由要求國家照顧他們。」[59] 起初，德國訂定的退休年齡為 70 歲，到了 1916 年，退休年齡降低為 65 歲。

俾斯麥的這個革命性概念最終激發世界各國推出由政府資助的退休制度，包括美國。為何這概念會在全球盛行起來呢？因為人們的壽命開始增長。

1851 年時，英格蘭和威爾斯只有 25% 左右的人能活到 70 歲；到了 1891 年，這數字已經增加到 40%；現在，活到 70 歲或更長壽者超過 90%。相同期間，美國及其他已開發國家的這些數字也呈現相似的提高。[60]

全球人口壽命的大增長催化了「退休」這個現代概念，伴隨退休制度的問世，投資與維持財富的需求也增加。在此之前，不需要投資，因為沒有哪個人的未來需要現在做出投資。但是，過去一百五十年間，健康與醫療的進步改變了這一切。

現在，我們有理由投資，我們有了一個以往不存在的**理由**。但這不是投資的唯一**理由**，只不過是最重要的理由之一。

本章探討為何你應該投資的三個主要理由：

1. 為將來的你自己而儲蓄。
2. 抗通膨，維持你的財富的購買力。
3. 以財務資本取代你的人力資本。

下文逐一闡釋這些理由，並探討為什麼它們對你的個人理財很重要。

▍1. 為將來的你自己而儲蓄

如前所述，為你的將來——**年紀更大的你**——而儲蓄，是你應該投資的主要理由之一。因為終有一天，你將不願意或無法再繼續工作，投資讓你年老時有一個可以汲取的資源池。

當然，要你想像一個年紀更大的你，可能滿難的，因為那個人感覺起來很陌生。他像你嗎，或是大大不同？什麼經驗可能形塑他？你能接受他，與他相處嗎？

不論未來的你可能多麼不同於現在的你，研究已經顯示，有個好方法改進你的投資行為，就是思考未來的你。

例如，有個實驗讓一群人看數位模擬他們老化效果的相片，研究

人員想知道，看了這些相片，會不會影響他們為退休而存錢的行為。結果？會！

平均而言，看到模擬較老自己的相片的人，提撥至退休存款帳戶的金額比那些未看這種相片的人多了約 2%。[61] 這顯示，看到**逼真的**、較老的自己，可能有助於鼓勵長期儲蓄與投資行為。

另有研究人員研究調查**哪些動機**對儲蓄行為的影響最大，也得出相似結論。這些研究人員發現，除了為可能的緊急需要而儲蓄，那些把退休列為儲蓄動機的人存下的錢比未把退休列為儲蓄動機的人來得多。[62]

這意味的是，其他的財務目標——例如為了孩子而存錢，為了假期而存錢，或為了購屋而存錢，這些和儲蓄行為的改進**沒有**明顯關聯性，但為了退休而存錢，則會明顯改進儲蓄行為。研究人員發現，縱使在控制了標準社會經濟指標（例如所得）後，這結果仍然成立。

如同我在第 3 章提到的，所得是左右儲蓄率的最大因子之一。但是，這項研究顯示，縱使把「所得」這個因子控制後，那些以退休作為儲蓄動機的人比未把退休當成儲蓄動機的人**更可能**定期存錢。

因此，若你想增加儲蓄與投資，你應該自私點，多為**將來**的自己打算。不過，為將來的自己打算，這並不是把儲蓄拿去投資的唯一理由，還有其他時時和你作對的財務影響力，也是你應該投資的理由。

▎2. 抗通膨，維持你的財富的購買力

喜劇演員亨尼‧楊曼（Henny Youngman）曾說：「美國人愈來愈壯了，二十年前，兩個人能提得動 10 美元的雜貨，現在，5 歲的孩子就提得動了。」

可惜，楊曼並不是在說美國年輕人的力氣增強，他說的是美元幣值的下滑。楊曼的這笑話凸顯何以通膨（或者，歷經時日的物價普遍上

漲）是無可避免的現實。

你可以把通膨想成一種無形的稅，貨幣的所有持有人都必須支付這種稅，而且年年支付，卻不知不覺。他們的雜貨支出慢慢攀升，他們的房地產和車輛的維修變得更貴，孩子的教育成本年年增加。在此同時，他們的所得有上升到足以抵消這些增加的成本嗎？也許有，也許沒有。

不論有或沒有，通膨的禍害有增無減。雖然，通膨的短期影響通常還算小，但就更長期而言，其影響可能相當大。

如＜圖表 10-1 ＞所示，在年通膨率 2% 之下，一貨幣的購買力將在三十五年間減半。在年通膨率 5% 之下，購買力在十四年間減半。

這意味的是，在溫和的通膨下，日常生活用品的價格每隔二十至三十年就翻倍，若通膨率較高的話，翻倍速度就遠遠更快。

較極端的通膨（亦即惡性通膨）發生於第一次世界大戰結束後德國的威瑪共和國（Weimar Republic），在一些期間，通膨率高到物價往往

圖表 10-1　通膨花多少時間使貨幣的購買力減半？

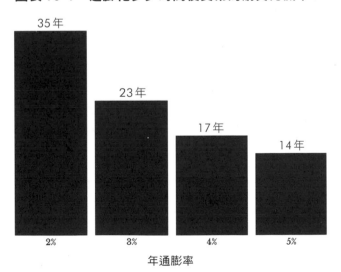

整天波動。亞當·福格森（Adam Fergusson）在其著作《當貨幣死亡》（*When Money Dies*）中如此描述：

> 流傳的故事很多……例如餐廳的餐點在買單時的價格比點餐時的價格貴，一杯 5,000 馬克的咖啡，等到要喝時，已經漲到 8,000 馬克。

雖說這種情形很少見，但也說明了極端的通膨的殺傷力有多嚴重。不過，有一種抗通膨的有效方法，那就是投資。藉著擁有能夠歷經時日保持或提高購買力的資產，你可以成功地抵消通膨的影響。

舉例而言，從 1926 年 1 月至 2020 年年底，1 美元必須成長至 15 美元，才能跟得上通膨。投資於美國國庫券或美國股市，能夠在這段期間跟得上通膨嗎？輕而易舉。

若你在 1926 年時投資 1 美元買長期美國國庫券，到了 2020 年年底，它將已經成長至 200 美元（通膨的 13 倍）。若你在 1926 年時投資 1 美元於美國廣泛的一籃子股票，到了 2020 年年底，它將已經成長至 10,937 美元（通膨的 729 倍）！

這顯示靠著投資來對抗通膨的影響，以保持及增加你的財富，非常有效。

特別是對退休人士而言，因為他們將被迫支付較高的物價，卻無法賺取更高的薪資。由於退休人士不工作，他們對抗通膨的唯一武器是資產增值，請你牢記這點，尤其是在接近退休時。

總的來說，縱然有一些好理由去持有現金形式的儲蓄（例如，應急，為大額購買而短期儲蓄等等），但長期而言，持有現金是一種糟糕的做法，因為通膨會侵蝕現金的購買力。若你想降低這種損失，現在起就把你的非應急現金拿去投資吧。

若對抗通膨這理由還不足以說服你投資，那麼，對抗時間這個理由或許能說服你。

▎3. 以財務資本取代你的人力資本

你應該把錢拿去投資的最後一個理由是以財務資本取代你的人力資本。

在第 3 章中，我們把人力資本定義為你的技能、知識和時間的價值。在你的一生中，你的技能和知識可能增長，但你永遠不會有更多的時間。因此，想對抗時間的流逝，把你**遞減的**人力資本轉化為**具有生產力的**財務資本，唯一的方法是投資。財務資本將會一直帶給你收益，直至長遠的未來。

你的人力資本現在值多少？

在此之前，我們首先必須知道，你的人力資本現在值多少。我們可以計算你的預估未來所得的**現值**，這就是你的人力資本目前價值的近似值。

現值是未來的現金流的現今價值，例如，若一家銀行承諾向你的存款支付 1% 的年息，你存款 100 美元，一年後，你可以取回 101 美元。反過來推論，一年後的 101 美元，今天的現值為 100 美元。

在這個例子中，我們用 1% 的利率，把未來的 101 美元折現為現值，這 1% 通常被稱為**折現率**或**貼現率**（discount rate）。大多數人身傷害律師在估算受傷者或受害人的未來所得損失時，使用 1% 至 3% 的折現率。

因此，若你知道你未來將賺多少錢，使用折現率，就能計算所有的未來所得現在值多少。例如，若你預期未來四十年間，每年賺 50,000 美元，你的總未來所得是 200 萬美元。假設折現率為 3%，那些未來所得

的現值約為 120 萬美元。

這意味的是，你的人力資本約值 120 萬美元。假設這些估計正確，那麼，你應該願意用你的工作能力去換取 120 萬美元。為什麼？因為你可以用這 120 萬美元去複製你的未來所得。

換言之，若你現在把這 120 萬美元拿去投資，一年賺 3%，在接下來四十年間，你可以每年提領 50,000 美元而不致花光錢。

你可以看出，這每年 50,000 美元的現金流**等額**於你預期未來四十年間的每年收入！所以說，可以把人力資本和財務資本視為可互換。

這一點很重要，因為你的人力資本是一種不斷減少的資產。你工作的每一年的人力資本現值都會減少，因為你少了一年的未來收入。

因此，為保障你未來能有一些收入（除了政府福利方案給予的所得之外），唯一的方法是積攢財務資本。

積攢財務資本以取代人力資本

你可以想像你的人力資本的現值逐年降低，而你的財務資本逐年增加以彌補它。＜圖表 10-2 ＞假設你每年賺 50,000 美元，賺四十年，把所得的 15% 存起來，年報酬率為 6%。

若你持續存錢與投資，就會產生這樣的結果，這就是你應該做的：每一年，你工作獲取的所得中應該有一部分被轉換成財務資本。當你開始這麼看待錢，就會認知到，你的錢可以用於消費，也可以用來為你**生財**。

基本上，把你的錢拿去投資，就相當於把你自己改造成為一種金融資產，一旦你不再受雇工作了，這金融資產可以提供你收入。這麼一來，在你停止朝九晚五的工作後，你的錢仍然繼續為你工作。

在所有該投資的理由當中，這個理由可能最具說服力，也是最被忽

圖表 10-2　隨著年齡增長，你的金融資產應該取代你的人力資本

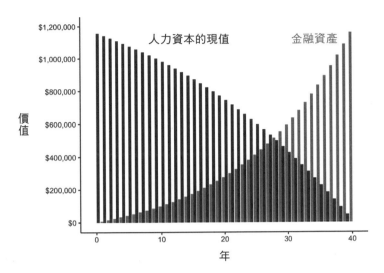

略的一個。

　　這概念有助於解釋為何一些職業運動員一年賺幾千萬美元，最終仍然破產。他們沒有夠快速地把人力資本轉換成財務資本，好讓他們在結束職業運動生涯後，仍然能維持他們的生活水準。若你的終身工作所得中有一大部分是在短短四到六年間賺得的話，那麼，儲蓄與投資的重要性將更甚於一般工作者。

　　不論你靠什麼賺錢，你應該要認知到你的能力終將衰退，這將是激勵你投資的一大動機。

　　探討完為何你應該投資，接下來要探討你應該投資於什麼。

第 11 章

你應該投資什麼？

致富沒有唯一的正確途徑

你可能從未聽過華良傑（Wally Jay）這個人，他被視為史上最傑出的柔道教練之一。雖然，他從未參加過柔道比賽（只參加過柔術比賽），但他一再訓練出柔道及其他武術比賽的冠軍者。

華良傑的重要洞察之一是，他的學習方式並不適合每個人：

> 一個教練的最大錯誤是，把他被教導及學習的方式套用在他教導的每一人身上。曾經有個教練對我說：「我的徒弟全都打得像我一樣」，然後，上了場，他的徒弟沒一個能打贏我的徒弟，一個都沒有。所以，我告訴他，他必須因材施教。[63]

華良傑的這個領悟——適合某些人的東西，未必適合其他人——不僅適用於柔道，投資也適用。

不過，坊間的投資建議鮮少是「因材施教」的。通常，你看到的是，一個所謂的專家聲稱他（她）知道致富的唯一正確途徑。其實，致富的途徑很多，就如同在武術比賽中打贏的方法有很多種。

　　因此，創造財富的適當方法是探索**所有**這些途徑，找出最符合你需要的途徑。正因此，我才會說，若你想致富，必須持續購買多種多樣的生財資產。你大概還記得我在本書的前言中說過這個，這是「持續買進」的核心理念。

　　難的部分在於決定該購買與擁有**哪種**生財資產。多數投資人在建立一個投資資產組合時很少看股票與債券以外的投資標的，我不怪他們這點，這兩種資產的確是創造財富的好選擇。

　　但是，股票與債券只不過是投資領域的一小部分，若你很認真看待增加財富這件事，你應該考慮投資界裡的每種產品。

　　為此，我匯集了一份最佳生財資產清單，讓你用於增長你的財富。針對討論到的每一種資產，我將定義它是什麼，分析投資的利弊，並告訴你如何實際投資它。

　　這份清單不是推薦，而是供你進一步研究的**起始點**。由於我不知道你目前的境況，我無法說下列資產中的哪一種適合你。

　　事實上，我本身只擁有過這些類別資產當中的四種，因為其中某些資產類別不適合我。我建議你，在為你的投資資產組合添加或去除任何一種資產前，應該先充分評估。

　　首先來看我最喜愛的一種吧。

▎股票

　　若要我只挑選一種投資資產，把錢全部投資進去，我絕對會選擇股票。股票代表對一企業的所有權（亦即股權），是很好的投資標的，因為它們是長期創造財富的最可靠途徑之一。

為何你應該／不應該投資於股票？

財金教授傑洛米・席格爾（Jeremy Siegel）在其著作《長期獲利之道：散戶投資正典》（*Stocks for the Long Run*）中指出：「過去二百零四年，美國股權的平均實質年報酬率為 6.8%。」[64]

當然啦，過去幾個世紀，美國股市是全球表現最佳的股市之一，但資料顯示，全球其他許多股市也提供長期正實質報酬率（亦即經過通膨率調整後的報酬率）。

例如，艾爾羅伊・迪姆森（Elroy Dimson）、保羅・馬許（Paul Marsh）及麥克・史當頓（Mike Staunton）等三位學者分析 16 個國家在 1900 年至 2006 年間的股權報酬率後發現，它們全都提供長期正實質報酬率，最低的是比利時，平均實質年報酬率 2.7%，最高的是瑞典，平均實質年報酬率近 8%。

美國呢？

在這 16 個國家中，美國排在前 25%（第 75 個百分位）。雖然，美國的股權報酬率高於世界平均，仍然落後於南非、澳洲及瑞典等國家。[65] 這顯示，美國的股權報酬率雖然出色，但在全球舞台上還稱不上是明星呢。

更重要的是，這三位學者所做的分析是針對二十世紀，那是人類史上破壞最大的期間之一，但是，儘管發生了兩次世界大戰和大蕭條，全球整體股市仍然提供了長期正實質報酬率。

《財富、戰爭與智慧》（*Wealth, War, & Wisdom*）一書作者巴頓・畢格斯（Barton Biggs）檢視哪些種類的資產最有可能歷經數世紀而保存財富，也得出了相似的結論。他指出：「考慮到變現的流動性，我必須下此結論：股權是你的財富的最佳歸屬。」[66]

當然啦，發生於二十世紀的全球股市揚升趨勢，也可能不會持續至

未來，不過，我敢打賭，會！

擁有股票還有一項好處，它們不需要你做什麼持續的維持與養護工作；你擁有企業的股權，獲取報酬，別人（公司管理團隊）為你經營這企業。

儘管我對投資股票讚譽有加，但它們不適合膽量小的人。事實上，你應該預期會看到，在一世紀期間就出現幾次股價崩跌超過 50% 的情形；每四到五年會出現一次股價重挫 30% 的情形；**至少**每隔一年就會出現股價下跌 10% 的情形。

股票的這種高波動性，正是導致人們難以在動盪時期繼續持有手中股票的主因。看到十年的價值成長在短短幾天內消失，就算是經驗最老到的投資人都可能心驚膽戰。

對付這種情緒起伏的最好辦法是以長期投資為主，這雖不能保證報酬，但史有明證，歷經足夠時間，股價往往能彌補它們偶發的損失。時間是股權投資者的好朋友。

如何買股票？

你可以購買個股，或是購買指數型基金或 ETF 這類由多檔股票構成的一籃子廣泛投資標的，這可以拓展你擁有的股票種類。例如，一檔 S&P 500 指數型基金讓你擁有廣泛的美國公司股權，一檔全球股票指數型基金（Total World Stock Index Fund）讓你擁有全球許多公司的股權。

我偏好擁有指數型基金和 ETF，勝過個股，原因很多（下一章將討論其中的許多原因），但主要是因為指數型基金讓你容易且便宜地獲得多樣化分散風險的效果。

不過，就算你決定只透過指數型基金來持有股票，究竟該擁有哪種類型的股票也是見仁見智。有些人主張你應該重視規模（較小型的股票），有些人主張你應該重視估值〔價值股（value stocks）〕，也有人主

張你應該重視股價趨勢〔動能股（momentum stocks）〕。

甚至有人建議，買經常配發股息的股票，必定致富。股息只是一公司支付給股東（就是你）的一種利潤，例如，若你擁有一公司 5% 的股份，它發放總計 100 萬美元的股息的話，你將會收到 50,000 美元。相當不錯，是吧？

不論你選擇哪種股票策略，重點在於擁有一些這類資產。我個人透過三種股票型 ETF，擁有美國股票、已開發市場的股票，以及新興市場的股票，我也有一些小型價值股。這是不是投資股票的最理想方式呢？誰知道？但這對我管用，長期應該也會表現不錯。

股票投資總結

- 平均複利年報酬率：8% 至 10%。
- **利**：高歷史報酬率；易於擁有與交易；低維持與養護成本（別人為你經營企業）。
- **弊**：高波動；估值可能因為市場氣氛而快速變化，而非因為基本面。

▌債券

討論完刺激的股票世界，接著來看比較平靜的債券世界。

債券是投資人提供給借款人的貸款，將在一段時間後償還，這段時間稱為期間（term）、票期（tenor）或到期日（maturity）。許多債券規定，在到期日償還全部本金之前的期間，定期向投資人支付票息。年票息除以債券的票面價格，就是債券的殖利率。例如，你用 1,000 美元買了一張債券，它每年付你 100 美元，那麼，這債券的殖利率就是 10%（$100/$1,000）。

發行債券的借款人可能是個人、企業或政府，多數時候，當投資人討論到債券時，他們指的是美國國庫券，這些債券的借款人是美國政府。

美國國庫券有各種到期日，因到期日的長短而有不同名稱：

- **短期美國國庫券**（Treasury bills），到期日介於 1 至 12 個月；
- **中期美國國庫券**（Treasury notes），到期日介於 2 至 10 年；
- **長期美國國庫券**（Treasury bonds），到期日介於 10 至 30 年。

你可以在「treasury.gov」網站上找到這些不同到期日的美國國庫券支付的利率。[67]

除了美國國庫券，你也可以購買外國政府發行的債券、公司債（投資人向企業提供貸款）、地方債券（投資人向地方／州政府提供貸款），雖然，這些類別的債券通常支付比美國國庫券更高的利率，但風險往往也比較高。

為何它們的風險比美國國庫券高呢？因為美國財政部是世上信用最可靠的借款人。

由於美國政府可以隨意印鈔票支付其欠款，任何借錢給它的人幾乎保證能拿回他們的錢。至於外國政府、地方政府或企業，那就未必了，它們全都有可能債務違約。

這也是我傾向只投資美國國庫券和我居住的州發行的一些免稅地方債券的原因，若我想冒更高風險的話，我不會購買風險較高的債券，增加我的投資資產組合中的債券部位。債券應該作為一種多樣化分散風險的資產，而非風險性資產。

我知道，持有殖利率較高、風險較高的債券，有其道理，特別是考

慮到 2008 年以後的美國國庫券殖利率那麼低。但是，投資債券，重要的不只是賺取殖利率，債券還有其他對投資人有益的特性。

為何你應該／不應該投資債券？

我推薦債券是基於債券的下列特性：

1. 通常，當股票（以及其他的風險性資產）下挫時，債券上揚。
2. 比起其他資產，債券有更穩定的所得流。
3. 債券能提供流動性，讓你可以變現，用於再平衡（rebalance）你的投資資產組合或支應負債。

在市場拋售時，很多種類的投資資產都會價格下跌，債券是少數價格趨向上揚的資產種類之一。當投資人出脫他們的風險性較高的資產、轉而購買債券時，一般稱此為「逃向安全資產」（flight to safety）。由於這種傾向，在最糟糕時期，債券可以作為你的投資資產組合中的一種行為支柱。

其次，因為債券的穩定性，債券也往往提供更穩定的長期所得流。由於美國政府可以隨意印鈔票，還錢給債券持有人，買了債券之後，你不需要擔心你的所得有變化。

最後，由於在市場崩盤時，債券較穩定，萬一你需要更多現金來對你的投資資產組合進行再平衡，或是支應負債的話，債券往往能提供好的流動性。舉例而言，若你因為金融恐慌而失去工作，你將會欣慰你能仰賴你的投資資產組合中的債券部位來幫助你度過這艱難時期；換言之，你可以賣掉一些債券，換取現金。

檢視在 2020 年年初新冠疫情導致的市場崩盤期間，各種比例的投

圖表 11-1　持有較多債券的投資資產組合價值下滑程度較小，2020 年 1 月 1 日至 4 月 28 日

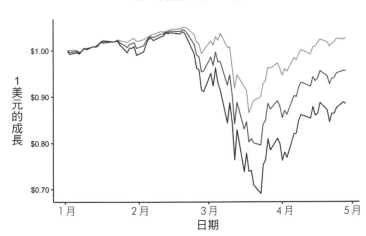

— 60% 股票 / 40% 債券　— 80% 股票 / 20% 債券　— S&P 500

資資產組合的表現，你就能看出債券對於穩定投資資產價值的效果。如 <圖表 11-1 >所示，債券（美國國庫券）部位較多的投資資產組合價值下滑程度小於債券部位較少的投資資產組合。

　　在這例子中，2020 年 3 月時，〔60% 股票 / 40% 債券〕和〔80% 股票 / 20% 債券〕的投資資產組合的價值下滑程度都小於只有 S&P 500 的投資資產。

　　更重要的是，投資資產組合中有債券部位、並在市場崩盤時進行再平衡資產組合的投資人，在接下來市場回升時，獲得更大益處。舉例而言，我很幸運，我再平衡我的投資資產組合——我在 2020 年 3 月 23 日出售一些債券，購買股票，這天正是市場觸底之日。是的，這時間點完全是運氣，但我擁有債券而得以出售一些債券、買進股票（買在低點），這就不是運氣了。

擁有債券的一大缺點是報酬率通常遠低於股票和多數其他的風險性資產,尤其是當債券的殖利率低的時候(例如 2008 年至 2020 年期間)。在低殖利率的環境下,把通膨率納入考慮後,債券的實質報酬率可能接近零或負報酬。

如何買債券?

你可以選擇直接購買個別債券,但我建議透過債券型指數基金或 ETF 來買,因為這容易得多。

雖然,過去有人爭論個別債券的表現和債券型基金的表現是否存在實質差異,事實上並沒有差異。AQR 資本管理公司(AQR Capital Management)的創辦人克里夫・艾斯尼斯(Cliff Asness)於 2014 年在《金融分析師期刊》(*Financial Analysts Journal*)上撰文徹底推翻了這論點。[68]

不論你選擇用哪種方式購買債券,債券除了能使你的財富增長,還能在你的投資資產組合中扮演重要角色。俗話說得好:「買股票讓我們能吃得好;買債券讓我們能睡得好。」

債券投資總結

- 平均複利年報酬率:2% 至 4%(在低利率環境下,可能接近 0%)。
- **利**:波動性較低;很能幫助你再平衡投資資產組合;投資本金很安全。
- **弊**:低報酬率,尤其是在經過通膨調整後。在低殖利率的環境下,產生的所得低。

投資性房地產

股票與債券領域之外，最盛行的生財資產之一是投資房地產。擁有一筆投資性房地產可能是很好的選擇，因為你可以自用，不使用時，把它出租，也可以賺取額外收入。

為何你應該／不應該購買投資性不動產？

若你正確地管理不動產，就會有其他人（付租金的租客）為你繳房貸，在此同時，你還能享有長期的房地產價格上漲。此外，若你在購買房地產時能獲得貸款，你的報酬可能因為融資槓桿而稍微增加。貸款購買投資性房地產時，這槓桿操作提高你在房地產價格變化上的曝險程度。

舉例而言，若你支付頭期款 100,000 美元購買一筆 500,000 美元的房地產，這意味著其餘的 400,000 美元是貸款。現在，假設這房地產在一年後上漲至 600,000 美元，若你賣掉它，償還貸款後，會剩下 200,000 美元，而非原來的 100,000 美元。由於融資槓桿，房價的上漲 20% 讓你賺得 100% 的報酬率（你原本的 100,000 美元變成了 200,000 美元）。

若你覺得這聽起來好得令人難以置信，那是因為確實如此。但別忘了，若房價下跌的話，融資槓桿就會帶給你虧損了。舉例而言，若你的房子從 500,000 美元跌價至 400,000 美元，你賣房子，投資本金也全沒了。房價的下跌 20% 使你的投資下滑了 100%。

不過，由於房地產價格大崩盤的情況很少見，融資槓桿通常會帶給房地產投資人正報酬。

儘管擁有投資性房地產有許多財務益處，這種投資需要投入的工夫也遠多於許多其他你可以買了之後就放著不管的資產。

投資房地產，你得有能力應付人（承租人），把物業張貼到出租網

站上，把它弄得看起來吸引潛在房客，提供持續的維修，以及其他許多種種的工作。此外，你還必須應付資產負債表上多了一筆負債而增添的壓力。

若這一切都應付得了，擁有投資性房地產可能很棒，尤其是若你購買這房地產的資金大都來自貸款的話。但是，當出了問題，情勢變糟時，例如 2020 年時新冠疫情導致的旅遊限制，那就可能麻煩大了。許多愛彼迎的物業業主就學到了慘痛教訓，投資於房地產未必是那麼容易的事。

投資性房地產的報酬可能遠高於股票或債券，但也需要投入遠遠更多的工夫才能賺得這些報酬。

最後，購買個別的投資性房地產跟購買個股一樣，沒有把風險分散。購買一筆投資性房地產時，你將承擔與這房地產相關的所有風險，房地產市場也許興隆，但若你的物業有太多基本問題與成本的話，這筆投資仍然可能獲得糟糕的結果。

由於多數投資人不可能擁有夠多的投資性房地產以分散風險，因此，單筆投資性房地產的風險值得注意。

儘管如此，若你想要更掌握自己的投資，並且喜歡房地產看得見也摸得著，那麼，你應該考慮在你的投資資產組合中加入投資性房地產。

如何購買投資性房地產？

購買投資性房地產的最佳途徑是透過房地產經紀人，或是直接和賣家商議。這流程可能相當複雜，因此，我建議你事前得做仔細研究。

房地產投資總結

- 平均複利年報酬率：12% 至 15%（視當地租房行情而定）。

- **利**：報酬高於其他較傳統的資產類別，尤其是在使用融資槓桿時。
- **弊**：物業與承租人的管理可能很頭痛；難以多樣化分散風險。

不動產投資信託

若你想投資不動產，又不想自己管理，那麼，不動產投資信託（real estate investment trust，以下簡稱 REITs）可能適合你。REITs 是一種擁有及管理不動產物業的事業，把來自這些物業的收益支付給 REITs 持有人。事實上，美國法律規定，REITs 必須把可稅所得的至少 90% 作為股利（編按：台灣 REITs 則規定應每年配息），派發給股東（亦即 REITs 持有人）。這規定使 REITs 成為最可靠的生財資產之一。

但是，並非所有 REITs 都相同。有住宅型 REITs，可以擁有公寓大樓、學生宿舍、預製組合屋（manufactured homes）、獨棟住宅；商用型 REITs 可以擁有辦公大樓、倉庫、零售店鋪以及其他的商用物業。

此外，REITs 也有募資形式的區別，有在證交所公開交易的 REITs（publicly traded REITs）、私募 REITs（private REITs）、非證交所交易的公開募資 REITs（publicly non-traded REITs），分別說明如下。

- **公開交易的 REITs**：就像公開上市公司一樣在證交所交易，所有投資人都可買賣。
  1. 凡是持有廣泛的一籃子股票指數型基金的人，其實已經某種程度地擁有公開交易的 REITs 的部位，因此，除非你想增加不動產在你的投資資產組合中的部位時，否則沒必要購買更多的 REITs。
  2. 除了購買個別的公開交易 REITs，你也可以購買公開交易的

REITs 指數型基金，這類基金投資於一籃子的 REITs。

- **私募 REITs**：不在證交所交易，只提供給達標投資人（accredited investors，或譯合格投資人、受信投資人）——擁有至少 100 萬美元淨資產，或過去三年的年收入至少 20 萬美元的投資人。
  1. 需要透過經紀商，可能得繳高服務費。
  2. 受到較少的監管。
  3. 由於要求持有的期間較長，流動性較低。
  4. 產生的報酬可能高於公開交易的 REITs。
- **非證交所交易的公開募資 REITs**：不在證交所交易、但透過眾籌平台，提供給所有大眾投資人。
  1. 比私募 REITs 受到的監管多。
  2. 有最低投資額要求。
  3. 由於要求持有的期間較長，流動性較低。
  4. 產生的報酬可能高於公開交易的 REITs。

我只投資過公開交易的 REITs ETF，但不動產眾籌公司發行的非證交所交易 REITs 可以提供更高的長期報酬。

為何你應該／不應該投資REITs ？

不論你決定投資於哪種 REITs，它們通常有相似於股票的報酬（或更好的報酬），而且，在股市榮景時期，REITs 與股市的相關性低（約 0.5 至 0.7），這意味的是，當股市表現不佳時，REITs 可能表現得不錯。

但是，跟多數其他風險性資產一樣，當股市崩盤時，公開交易的 REITs 的持有人往往會搶著賣出。因此，別期望 REITs 帶給你分散風險的益處。

如何投資REITs ？

如前所述，你可以透過任何的經紀商平台投資公開交易的 REITs，或是前往眾籌平台購買非證交所交易的 REITs 或私募 REITs。我個人偏好公開交易的 REITs，只是因為它們的流動性較高（亦即容易買／賣），但非證交所交易的 REITs 或私募 REITs 也有其優點，就是你可以挑選投資哪些特定的物業。

REITs 投資總結

- 平均複利年報酬率：10% 至 12%。
- **利：**投資資產組合中擁有不動產部位，但不需要你管理；榮景時期，REITs 與股市的相關性低。
- **弊：**波動性高於或相同於股票；非證交所交易的 REITs 流動性較低；股市崩盤時期，REITs 與股票及其他風險性資產高度相關。

▎農地

除了房地產，農地也是一種不錯的生財資產，在整個歷史上是一個重要的財富來源。

為何你應該／不應該投資農地？

現今，投資農地的最佳理由之一是，它與股票及債券報酬的相關性低，因為農業收入通常和金融市場發生的事不相關。

此外，農地的波動性低於股票，因為土地的價值不會隨著時日變化太多。由於土地的逐年生產力穩定性高於企業生產力，所以，相較於股票，農地的整體波動性較低。

再者，農地也可以抗通膨，因為它的價值往往隨著廣泛物價趨勢上升。基於其特殊的風險特質（亦即低波動性，以及還算不錯的報酬率），農地的報酬率不像個股或債券那樣可能降低至零。當然啦，未來，氣候變遷的影響可能改變這點。

投資農地，你能期望獲得怎樣的報酬率呢？專長於農地投資的經理人傑伊‧吉洛托（Jay Girotto）接受避險基金經理人泰德‧賽德斯（Ted Seides）訪談時說，他的報酬模型顯示，農地投資年報酬率是 7% 至 9%，約有一半的報酬來自農產收成，另一半的報酬來自土地增值。[69]

如何投資農地？

購買個別農地可不輕鬆，投資人想擁有農地，最常見的途徑是透過公開交易的 REITs，或是透過眾籌平台的 REITs。眾籌平台上的 REITs 可以讓你更能掌控投資於哪些特定的農地地產。

但透過眾籌平台的缺點是，它們通常只提供給達標投資人（擁有至少 100 萬美元淨資產，或過去三年的年收入至少 20 萬美元的投資人），此外，這些眾籌平台的收費可能高於其他公開交易的 REITs。

由於推出這類交易很花工夫，我不認為這些收費是搶錢，但若你討厭收費概念的話，必須記住這點。

農地投資總結

- 平均複利年報酬率：7% 至 9%。
- **利：**與股票及其他風險性資產的相關性低；是不錯的抗通膨資產；相較於其他資產，農地的報酬較不可能降低至零。
- **弊：**流動性較低（較不容易買／賣）；費用較高；需要「達標投資人」的資格，才能參與眾籌平台。

小型企業／加盟店／天使投資

若你不想投資農地，也許可以考慮擁有一個小型企業或成為小型企業的股東，這是所謂的天使投資和小型企業投資。

不過，在做這類投資之前，你得先決定你要不要經營這企業，或只是想提供投資資本及專長。

業主＋經營者

若你想成為一個小型企業或加盟店的業主＋經營者，切記，就算你已經想到了需要做很多的工作，實際上的工作量可能比想像中的還要多。

小型企業投資專家布倫‧貝肖爾（Brent Beshore）曾經在推特上發文指出，經營一間潛艇堡速食連鎖店（Subway）的經營者手冊長達 800 頁，你可以想像，經營一家 5,000 萬美元的製造公司，得花多少心力與工夫。[70]

我在這裡提到貝肖爾的評論，不是要勸你打消創立一個小型企業的念頭，只是要你務實地預期這將需要投入多少的工作。擁有與經營一個小型企業，可能創造出遠高於其他許多生財資產的報酬，但你必須為這小企業付出。

只當業主

若你不想走經營者這條路，當個天使投資人或一個小型企業的被動業主，能為你賺進非常可觀的報酬。根據多項研究調查，天使投資的期望年報酬率介於 20% 至 25%。[71]

不過，這些報酬率也有很大的偏差，天使資本協會（Angel Capital Association）所做的一項研究發現，平均每九筆天使投資中僅有一筆（相

當於 11%）獲得正報酬率。[72] 這顯示，雖然，某些小型企業可能成為下一個蘋果公司，大多數小型企業步出創業車庫後，沒辦法走太遠。

著名投資人、創投公司 YCombinator 的總裁山姆·奧特曼（Sam Altman）曾這麼寫道：

> 從你的單一一個最佳天使投資賺到的錢，比你的所有其他天使投資合計賺到的錢還要多，這是很常見的現象，因此，天使投資的真正風險在於錯過那個傑出的投資，而非未能回收你對所有其他公司的投資（或是一些人要求的保證兩倍報酬）。[73]

所以，投資於小型企業可能極困難，但也可能獲得極大報酬。

不過，在決定孤注一擲前，你應該要知道，投資於小型企業可能得投入非常多的時間。正因此，暢銷書作家塔克·麥克斯（Tucker Max）放棄了天使投資，他也認為，絕大多數人甚至不該踏出這一步。麥克斯的論點很清楚：若你想做出最佳天使投資，獲取超大報酬，那你必須深耕該社群。[74]

這個主題的研究也支持麥克斯的主張，研究發現，一位天使投資人投入於盡責調查、經驗及參與的時間，全都和他的長期報酬正相關。[75]

如何投資小型企業？

你不能把天使投資／投資小型企業當成副業而期望獲得大報酬。雖然，一些眾籌平台讓散戶能投資於小型企業（其他機會則是只提供給達標投資人），但這類平台不太可能讓你有機會早早投資於下一個大明星級企業。

我說這個不是要打擊你，而是要重申一點：那些最成功的小型企業投資人投入的不只是資本。若你想成為小型企業投資人，切記，你可能

得做出更大的生活方式改變，才能看到顯著成果。

小型企業投資總結

- 平均複利年報酬率：20% 至 25%，但有大量的虧損者。
- **利：**可能帶來極大的報酬；你投入得愈多，愈能看到更多的未來機會。
- **弊：**需要投入極多時間；很多的失敗可能令人喪氣。

▍權利金

　　若你沒興趣投資小型企業，也許你需要投資更有文化意義的東西，你可以考慮權利金。權利金是為了持續使用一特定資產而支付的款項，通常是指有版權的作品。一些網站讓你可以買賣音樂、影片及商標的權利金的所有權，賺取它們的未來權利金收入。

為何你應該／不應該投資於權利金？

　　權利金之所以成為一種不錯的投資標的，是因為它們能產生與金融市場不相關的穩定收入。

　　舉例而言，傑斯（Jay-Z）和艾莉西雅・凱斯（Alicia Keys）的歌曲〈帝國之心〉（Empire State of Mind）在 12 個月期間賺進 32,733 美元的權利金，在權利金交易網站（RoyaltyExchange.com）上，這首歌曲的十年權利金價值售價為 190,500 美元。

　　若我們假設未來的每年權利金收入不變，仍然維持 32,733 美元，支付 190,500 美元買下那些權利金的所有權人在未來十年的每年報酬率為 11.2%。

　　當然，沒人知道這首歌未來十年的權利金收入將會增加、持平，或

是減少，這得看人們未來的音樂品味，以及音樂品味的逐年變化。這是投資權利金的風險（及好處）之一，文化會變遷，曾經流行的東西可能退流行，反之亦然，以往不流行的東西將來可能流行起來。

不過，權利金交易網站有一個名為「Dollar Age」的指標，他們用這指標來測試及量化某個東西可能持續流行多久。

例如，若兩首歌曲去年都賺得 10,000 美元權利金，但其中一首歌曲是 1950 年發行的，另一首歌曲是 2019 年發行的，那麼，1950 年發行的那首歌曲就有較高的（較老的）「Dollar Age」，或許是個更好的長期投資標的。

為什麼？

因為這首 1950 年發行的歌曲已有七十年的獲利實力證明，反觀 2019 年發行的那首歌曲只有一年的獲利證明。雖然，2019 年發行的那首歌曲是一時的流行，但 1950 年發行的那首歌曲卻是無可否認的經典。

這概念的更正式名稱是「林迪效應」（Lindy Effect）：一樣東西的未來流行度與它迄今已存在的時間成正比。「林迪效應」解釋為什麼 2220 年時的人們更可能聽莫札特的音樂，而不是金屬製品樂團（Metallica）的歌曲；雖然，金屬製品樂團現今的全球聽眾可能比莫札特來得多，我不確定兩個世紀之後是否仍然如此。

最後，投資權利金的另一個缺點是對賣方索取高費用。通常，在拍賣成交後，賣方必須支付成交價的一個比例作為服務與手續費，這費用可能很大筆。所以，除非你計畫只投資權利金（並且做得具有規模），否則，權利金這個投資標的可能不適合你。

如何投資權利金？

一般投資人購買權利金的最常見途徑是媒合買方與賣方的線上平台，雖然，你也可以經由私下交易來購買權利金，線上平台大概是較容

易的途徑。

權利金投資總結

- 平均複利年報酬率：5% 至 20%。[76]
- **利**：與傳統的金融資產不相關；通常可獲得穩定收入。
- **弊**：賣方得支付高費用；品味可能出乎意料地變化，影響到權利金收入。

你自己的產品

最後一個標的也很重要，你能投資的最佳生財資產之一是你自己的產品。不同於我這份清單上的所有其他種類資產，創造你自己的產品（不論是數位或非數位產品）讓你的掌控程度高於多數其他類別的資產。

由於你是你的產品的百分之百所有權人，你可以自己訂定產品的價格，因此決定它們的報酬（至少，理論上是如此）。包括書籍、資訊指南、線上課程等等，全都是產品。

為何你應該／不應該投資你自己的產品？

我認識不少人靠著在線上銷售他們自己的產品，賺五位數到六位數的收入。更重要的是，若你已經透過社交媒體、電子郵件名單或網站，擁有一群受眾，那麼，銷售產品是把這群受眾轉換成金錢的一條途徑。

縱使你沒有任何的這些銷售通路，現在有聲破天（Spotify）、甘路（Gumroad）之類的平台，以及線上支付處理商，在線上銷售產品是空前地容易。

投資於銷售自己的產品，困難之處在於需要很多的前置努力，但不保證有回報。把產品轉換成金錢是一條漫長的路。不過，一旦你開發出

一個成功的產品，擴展你的品牌和銷售其他東西就會容易得多。

舉例而言，我的部落格「OfDollarsAndData.com」的收入從一小群聯盟行銷夥伴成長到包括廣告銷售和更多的自由接案撰文機會，我花了多年時間努力撰寫部落格文章後，才開始見到明顯的收入，但現在，新機會總是不斷出現。

如何投資你自己的產品？

若你想投資自己的產品，你必須打造出它們。不論這指的是創立一個部落格網站，或創建你自己的類似聲破天商店，打造產品得花很多時間及努力。

你的產品投資總結

- 平均複利年報酬率：差異很大，呈現肥尾分布（亦即多數產品的報酬低，但一些產品的報酬高）。
- **利**：百分之百所有權；個人滿足與成就感；能創造一個有價值的品牌。
- **弊**：非常勞力密集，不保證有回報。

▍黃金、加密貨幣、藝術品等等呢？

某些資產類別沒有登上我的上述清單，僅僅是因為它們不會產生收入，亦即它們不是生財資產。黃金、加密貨幣、藝術品、葡萄酒，全都不會產生與它們的所有權相關的所得流，因此，我沒有把它們列入我的生財資產清單上。

當然，這並非指你無法靠這些資產賺錢，而是指它們的估值（valuation）完全是基於觀點──別人願意支付多少錢購買它們。就那

些不會創造現金流量的資產來說，觀點決定一切。

但生財資產就不一樣了，雖然，觀點會影響這類資產的價格，它們的估值應該取決於它們能產生的現金流量，至少，理論上是如此。

基於這個理由，我的大部分投資（90%）是生財資產，其餘 10% 分散投資非生財資產如藝術品和各種加密貨幣。

▍最後總結

＜圖表 11-2 ＞摘要整理本章內容，讓你更易於比較各種生財資產。

不論你最終選擇怎樣的生財資產組合，最適資產配置是對你及你的境況最合適的資產配置。兩個人可能有非常不同的投資策略，但這兩種投資策略可能都對。

討論完你該投資於什麼，接下來花點時間討論為何你不該投資於個股。

圖表 11-2　各種生財資產的報酬率與利弊

資產類別	平均複利年報酬率	利	弊
股票	8%-10%	高歷史報酬率；易於擁有與交易；低維持與養護成本	高波動；估值可能快速變化
債券	2%-4%	波動性較低；很能幫助你再平衡投資資產組合；投資本金很安全	低報酬率，尤其是在經過通膨調整後。在低殖利率的環境下，產生的所得低
投資性房地產	12%-15%	報酬率較高（尤其是在使用融資槓桿時）	物業的管理可能很頭痛；難以多樣化分散風險
REITs	10%-12%	投資資產組合中擁有不動產部位，但你不需要管理那些不動產	波動性高於或相同於股票；當其他風險性資產崩盤時，REITs也往往隨之崩盤
農地	7%-9%	與傳統金融資產的相關性低；不錯的抗通膨資產	流動性較低；費用較高；需要「達標投資人」的資格，才能參與眾籌平台
小型企業	20%-25%	可能帶來極大的報酬；你投入得愈多，愈能看到更多機會	需要投入極多時間；很多的失敗可能令人喪氣
權利金	5%-20%	與傳統的金融資產不相關；通常可獲得穩定收入	賣方得支付高費用；品味可能突然變化，影響到權利金收入
你自己的產品	差異大	百分之百所有權；個人滿足與成就感；能創造一個有價值的品牌	非常勞力密集，不保證有回報

第 12 章

為什麼你不該買個股？

為什麼表現比大盤差是你最不擔心的事

2021 年 1 月 25 日早上 8 點，我收到朋友達倫（非真名）傳來的簡訊：「尼克，告訴我，為何我不該在每股 93 美元時，投入 5 萬至 10 萬美元買進 GME？」

他指的是遊戲驛站公司（GameStop，股票代號：GME），這檔股票很快就會轟動國際，因為一群線上交易者導致它的股價在不到一週內暴漲至五倍。但在當時，我們兩人都不知道會發生這樣的事。

達倫知道我**從不建議購買個股**，但他不在乎，他只是想獲得某種肯定。我開玩笑地回覆：「達倫，這有可能變成從未發生在你身上過的最棒的事哦。」

我們兩人的交談就此結束。接下來一個小時，我們群組聊天室的交談內容轉向 GME 的價值，以及 Reddit 網站上的「華爾街賭場」（wallstreetbets）討論板裡談論 GME 股價將上漲一事是否正確。

股市開盤後，情勢顯示「華爾街賭場」討論板說對了，GME 一開盤就從前一天的收盤價每股 65 美元跳漲到每股 96 美元，而且還繼續上漲。

到了早上 10 點 22 分，達倫再也坐不住了，在以每股 111 美元買進

GME 後，他在群組裡傳訊：「我進場了」。他的總投資額超過 30,000 美元，這意味的是，GME 股價每變動 1 美元，達倫的持股市值就變動 300 美元。若 GME 的股價上漲 1 美元，達倫就賺 300 美元；若 GME 的股價下跌 1 美元，達倫就虧損 300 美元。

十五分鐘後，GME 股價漲到了每股 140 美元，達倫已經賺了超過 9,000 美元。群組聊天室裡，大家紛紛歌頌達倫剛賺得的財富，也猜測他很快就能到哪裡去過逍遙的退休生活了。

但是，GME 漲得有多快，就跌得有多快。不到一小時，GME 股價下跌到低於 111 美元，達倫發的訊息顯示他愈來愈焦慮。他發出限價單，掛 111 美元賣出，期望能回收他的投資本金，但已經太遲了，股價如自由落體般的下墜已經開始了。

GME 股價每跌 1 美元，達倫的痛苦就擴增三百倍，300 美元飛了，再一個 300 美元飛了，又一個 300 美元飛了，虧損沒完沒了。到了中午 12 點 27 分，達倫終於投降，他在群組裡傳訊：「我在 70 美元時出場了」。

兩個小時，達倫損失了 12,000 美元！

不過，情況並沒有聽起來那麼糟，這筆損失只佔他的淨財富的一小比例。雖然心情不好，這筆損失對他而言猶如被紙割傷，不是截肢。

我不想評論達倫所做的事，但我要稱讚他做的**方式**，因為他只下注他願意承受的損失，確保這損失不會影響未來財富。若你決定購買個股，我希望你也這麼做。

話雖如此，達倫的故事是選股者的縮影：心裡紛亂，害怕錯過，興高采烈，得意洋洋，痛苦，懊悔，短短兩小時內，這些七上八下全都出現了。

情緒起伏只不過是選股的冰山一角，我知道，因為多年前，我也曾是選股者。除了情緒上難熬，你還得應付個股表現比大盤差的時期，以及你其實沒有任何選股技巧的可能性。

　　所以，我後來就放棄挑選個股了，我建議你也這麼做。不過，針對為何不該挑選個股，我的理由已隨著時間而有所改變。

　　起初，我放棄購買個股是因為**財務論證**（financial argument），這是個好論點，你以前可能聽過，但它的說服力遜色於「存在論證」（existential argument）。

▌不建議挑選個股的財務論證

　　反對購買個股的傳統論點（財務論證）已存在了數十年，它說：由於多數人（甚至是專業者）無法贏過全市場指數（broad-base index）的表現，因此，你應該別費工夫去嘗試了。

　　資料確鑿地佐證這論點，查看標普指數對比主動型基金（S&P Indices Versus Active，簡稱 SPIVA）報告對全球每個股市的比較分析，將可看出，五年期間，75% 的主動選股基金的績效表現輸給代表大盤表現的指數。[77] 別忘了，這 75% 是全職專業基金經理人和分析師團隊通力合作得出的績效，有這麼多資源，都還輸給大盤了，你能贏過大盤的可能性有多高？

　　更重要的是，研究顯示，只有很小比例的個股長期表現佳。亞利桑那州立大學財金教授亨德利・貝森賓德（Hendrik Bessembinder）在 2018 年發表研究報告〈股票表現優於國庫券嗎？〉（Do Stocks Outperform Treasury Bills?），文中寫道：「自 1926 年以來，整個美國股市的淨增值是由表現最佳的 4% 上市公司創造的。」[78]

　　是的，1926 年至 2016 年間，僅僅 4% 的股票創造了股票高於美國國庫券的報酬。事實上，貝森賓德的研究發現：「五家公司──埃克森美孚石油（Exxon Mobil）、蘋果、微軟、奇異（General Electric）及 IBM──佔了總財富創造的 10%。」

你有把握能找出這 4% 股票當中的一個，不會選到其餘 96% 當中的股票嗎？

不過，就連產業中的這些巨人，有朝一日也會失去它們的優勢。物理學家傑弗瑞・魏斯特（Geoffrey West）在其著作《規模的規律和祕密》（Scale）中指出：「1950 年以後在美國股市掛牌的 28,853 家公司當中，有 22,469 家（78%）到了 2009 年時已經不復存在。」事實上，「任何一類股的美國上市公司，有半數在十年內消失。」[79]

魏斯特的統計分析顯示的是股市的無常性質，我喜歡用一個超簡單的資料來例證這個事實：1920 年 3 月時道瓊工業平均指數籃中的 20 家公司，到了一百年後，沒有一家仍在這指數籃裡。這世上，沒有什麼東西是恆久永存的。

你可以看出問題了。要擊敗一大籃子股票（指數）的表現，實在太難了，就連最專業的投資人也做不到；你試圖找出的贏過大盤的股票，在全部股票中佔的比例非常低；就連那些贏過大盤的股票，也不是永遠的贏家。

所以，藉由購買指數型基金或 ETF 來擁有**所有**股票，通常遠優於試圖在個股中選出大贏家。這麼做，你可能最終獲得更高報酬，投資過程中的壓力也較小。

不過，現在可以把這論證擱置一旁，因為**存在論證**更具說服力。

▎不建議挑選個股的存在論證

不建議挑選個股的存在論證相當簡單：你如何**知道**你善於選股？在多數領域，可以用相當短的時間來判斷某人是否具有此領域的技能。舉例而言，任何一位稱職的籃球教練能夠在十分鐘左右判斷某人是否善於射籃。有人或許很幸運，起初能射籃命中多次，但最終將趨向他們的真

實命中率。電腦編程之類的技術領域亦然，優秀的程式設計師能夠在短時間內判斷某人是否知道他們在說什麼。

但是，選股呢？需要多久的時間來判斷某人是否善於選股？一小時？一週？一年？

試試用好幾年吧，不過，就算用了多年，你可能仍然無法確定。原因在於，相較於其他領域，因果關係使我們難以判斷某人是否善於選股。

當你射籃或撰寫電腦程式時，行動的結果**立即**出來：球進籃了，或沒進籃；程式跑得正確，或不正確。但是，在選股方面，你現在做了決定後，必須等待它的報酬，這回饋循環可能得花上多年。

你的最終報酬還得和購買指數型基金（例如 S&P 500）的報酬相較，因此，就算以絕對值來看，你賺了錢，以相對值來看，你可能仍然賠錢。

但更重要的是，你獲致的成果，可能跟你當初挑選該股票的原因毫無關係。舉例而言，想像你在 2020 年末買了 GME，因為你認為該公司改善其營運後，股價將上漲。2021 年到來，如同本章開頭所述，遊戲驛站公司的股價因為散戶的瘋狂而飆漲。雖然你獲得了好報酬，但這跟你當初購買 GME 的原因**毫不相關**。

想想這種情形有多常發生在選股者身上，選股決策和結果之間的關聯性完全不顯著。股票價格上漲是因為你預期到的某個變化嗎？或是完全因為別的變化？當市場氣氛轉為跟你的觀點不同的時候呢？你會加倍下注，購買更多，或是會重新考慮？

作為選股者，在做出每一個投資決定時，必須思考的問題很多，這只是其中的一些而已，存在的擔心可能是一種永無止境的狀態。你可能說服自己相信你知道怎麼回事，但是，你真的知道嗎？

　　對一些人而言，答案為「是」。舉例而言，研究人員在一篇標題為〈共同基金「明星」真的善於選股嗎？〉（Can Mutual Fund 'Stars' Really Pick Stocks?）的文獻中寫道：「績效排名前 10% 的基金，扣除成本後的高報酬極不可能是隨機選股（幸運）的結果。」[80] 換言之，專業選股者當中，10% 的人的確具有一貫的優秀技巧，但這也顯示 90% 的人恐怕沒有。

　　為了闡釋論點，我們假設績效最佳的前 10% 選股者和績效墊底的 10% 選股者能夠輕易地指出他們的技巧（或他們欠缺的技巧），這意味的是，若我們隨機選一個選股者，有 20% 的機率我們能辨識他們的選股技巧水準，有 80% 的機率我們無法辨識！這隱含的是，每五個選股者中有四人難以證明他們善於選股。

　　這就是我說的「存在危機」。為何要做你無法證明自己擅長做的事情（或是以此為業）呢？若你只是為了好玩而這麼做，那沒關係，像我的朋友達倫那樣，把你一小部分的錢撥出來，去玩選股。但對於那些不是為了好玩的人，幹麼要花那麼多時間去做非常難以評估你的技巧水準的事情呢？

　　就算你證明你是選股能力優秀的人（亦即績效排名前 10%），你要面臨的問題也不僅於此，例如，當你無可避免地歷經表現不佳時期呢？畢竟，表現不佳的情形是一定會發生的，遲早與何時罷了。貝爾德資產管理公司（Baird Asset Management）的研究報告指出：「幾乎所有績效優秀的基金經理人都會在其職涯的某個時點表現差於標竿及他們的同儕，尤其是在三年或少於三年的期間。」[81]

　　想像當這種情形終於發生時，該有多心煩啊！是的，你過去展現了優秀技巧，但現在呢？你的績效不佳是就連最優秀的投資人也會經歷的正常失常，還是你已經江郎才盡了呢？當然啦，在任何行業，江郎才盡的可能性低，但當你不確定是否真的江郎才盡時，真的很揪心。

追蹤你的選股績效（或純粹為了好玩而這麼做）

主張別選股的人，不是只有我。著名的投資作家威廉·伯恩斯坦這麼說：

> 要了解投資個股的危險性，最好的方法是熟讀財務基本原理和實證文獻。但若你做不到，那你可以把你的錢撥出 5% 或 10% 投資個股，務必嚴謹地計算你的報酬、你的年平均報酬，然後問自己：「若我只購買全股市指數型基金的話，我的報酬會不會比較好呢？」[82]

你也許不想把績效拿來和指數型基金相比，但若你不是為了好玩而挑選和購買個股的話，這是你必須做的事。

最後要說的是，我絕對不是要和**選股者**作對，但我確實不贊成散戶**選股**。這點差別很重要。

技巧嫻熟的選股者使價格維持合理的效率，這對市場是一大貢獻。但選股這個投資理念導致太多散戶受到傷害，我看到這發生於朋友身上（例如達倫），也看到這發生於家人身上，我希望這不會發生在你身上。

我知道，我說服不了所有選股者改變他們的做法，但這是好事，我們需要有人持續分析公司，並據以配置他們的資本。但若你對於是否自行選股還搖擺不定，這是對你的提醒，別再做如此高度取決於運氣的事了，人生已經有夠多全憑運氣之事。

考慮到購買個股涉及的情緒、財務及存在性質等成本後，你現在可以了解為何我偏好投資於指數型基金和 ETF 了。指數型投資標的的單純性，讓我能夠把注意力放在生命中遠比我的投資資產組合更重要的東西。

　　討論完你應該投資於什麼，以及為何不該購買個股，接下來探討你應該**多早**開始投資你的錢。

第 13 章

你應該多早開始投資？

為什麼早買比晚買好

「美國法老」（American Pharoah）於 2015 年贏得三冠王之前，沒人對這匹馬抱持多大期望，但傑夫·塞德（Jeff Seder）感覺有點不一樣。

塞德曾是花旗集團（Citigroup）的分析師，後來辭掉工作，追求他熱愛的事，做起預測賽馬結果的工作。塞德跟其他馬匹研究者不同，他不關心其他養馬人一心在意的東西：血統。

養馬人的傳統觀點是：一匹馬的母親、父親和家系是這匹馬比賽成績的首要決定因子。但是，檢視歷史記錄後，塞德發現，血統並不是一個優異的預測因子。他必須找出另一個預測因子，為此，他需要資料（data）。

於是，他收集資料。多年間，他測量馬匹的方方面面——鼻孔大小、糞便重量、快縮肌纖維密度等等；多年間，他什麼都沒發現。

後來，他想到使用可攜式超音波儀去測量一匹馬的體內器官，有了！他挖到寶了！

資料科學家賽斯·史蒂芬斯—大衛德維茲（Seth Stephens-Davidowitz）在其著作《數據、謊言與真相》（*Everybody Lies*）中講述塞德的故事：

　　他發現，心臟的大小，尤其是左心室的大小，是一匹賽馬的比賽成績的至要預測因子，是最重要的變數。[83]

　　比起任何其他屬性或因素，馬兒的心臟大小更能預測其賽馬能力。本著這個發現，塞德說服雇用他協助在拍賣會上選馬的購買人（譯註：其實就是「美國法老」的原飼主，在拍賣會上把牠買回）買下「美國法老」，至於那場拍賣會上的其他 151 匹馬，都不必看了。爾後的事，人盡皆知。

　　塞德的故事凸顯一個有用的資料能提供多深切的洞察。公共衛生學家暨資料學家漢斯‧羅斯林（Hans Rosling）在其著作《真確》（*Factfulness*）中討論到兒童死亡率對於幫助了解一國之發展程度的重要性時，也闡釋了這觀點：

　　　你可知道，我非常注意兒童死亡率這個數字？……因為兒童很脆弱，有太多東西可能造成他們死亡。當一千個馬來西亞的兒童中只有 14 個死亡時，這意味的是其他 986 個兒童活著，他們的父母和社會成功保護他們免於種種可能造成他們死亡的危險：細菌、飢餓、暴力等等。

　　　所以，14 這個數字告訴我們，馬來西亞的大多數家庭有足夠的食物，他們的下水道系統不會外溢而污染飲水系統，他們有良好的管道可以取得基本的衛生保健，母親識字。這數字不僅告訴我們有關於兒童的健康情形，也衡量了整個社會的發展水準。[84]

羅斯林的使用兒童死亡率，塞德的使用馬兒的心臟大小，這些例示：僅僅使用一個正確資訊就能更容易地了解複雜系統。

說到你應該**多早**開始投資你的錢，也有一個資訊可以指引所有你的未來投資決策。

多數市場在大多數時候是走揚的

能指引你的投資決策的這個資訊是：

多數市場在大多數時候是走揚的。

儘管人類史歷經混亂動盪、且有時很嚴重的破壞，這點仍然成立。誠如巴菲特在 2008 年時所言：

> 美國在二十世紀歷經兩次世界大戰及代價昂貴的軍事衝突，大蕭條，十多次的經濟衰退與金融恐慌，石油危機，一場流感疫情，以及一位丟臉的總統辭職，但道瓊工業指數仍然從 66 點攀升至 11,497 點。[85]

這點不僅適用於美國市場，如同我在第 11 章開頭時提到的，資料顯示，全球各地的許多股市呈現長期走揚趨勢。

基於這實證，你應該盡早投資你的錢。

為什麼？

因為「多數市場在大多數時候走揚」意味的是，多等一天，通常意味著你將來得支付更高價格。因此，與其等待投資的最佳時機，你應該果決行動，現在就把你能投資的錢拿去投資。

我們可以用一個有點荒謬的思考實驗來闡釋這點。

想像有人贈與你 100 萬美元，你想在接下來一百年盡可能地使這筆

錢變多，但你只能在下列兩種可能的投資策略中選擇其一：

1. 現在就投資你的所有現金；或者
2. 在接下來的一百年，每年投資你的現金的 1%。

你會選擇哪個？

若我們假設你投資的資產將隨著時間增值（要不然，你幹麼投資？），那麼，很顯然，現在購買這些資產優於未來一百年分批購買。用一個世紀的時間分批投資，意味著以更高價格購買，在此同時，你那些尚未投資的現金也將因為通膨而貶值。

我們可以把這相同的邏輯推及比一百年短得多的期間：若你不會等一百年來完成投資，那麼，你也不該等一百個月或一百週。

俗話說得好：「最佳開始時間是昨天，次佳開始時間是今日。」

當然，你永遠不會**覺得**這是正確決定，因為你總是會想：未來是否有更好的價格？

你猜怎麼著？這種感覺是正確的，因為未來的某個時點很可能出現一個更好的價格。但是，資料顯示，最好的做法是完全別理會這種感覺。

接著來探討何以未來可能出現更好的價格，為何你不該等待那些更好的價格，以及為何你應該盡快投資。盡早投資是最佳策略，對美國股市是如此，對近乎每一種其他資產類別也是如此。

何以未來可能出現更好的價格（以及為何你不該等待它們）？

若你隨機挑選 1930 年至 2020 年間的一個美國股市交易日的收盤道

瓊工業指數，未來某個交易日的收盤道瓊工業指數低於這收盤道瓊工業指數的可能性超過 95%。

這意味的是，大約 20 個交易日中有一個交易日（亦即每個月中有一個交易日）讓你撿到便宜，其他 19 天都會讓你在未來的**某個時點**懊悔為何沒等下去。

所以你會感覺等待一個更低的價格是對的，嚴格來說，你有 95% 的可能性是對的。事實上，自 1930 年以來，在購買了道瓊工業指數型基金後，你將需要等多久才能看到更低的價格呢？中位數是僅僅兩個交易日，但平均是 31 個交易日（亦即 1.5 個月）。

問題是，有時候，更低的價格從未出現，或是你得等很長的時間才會看到更低的價格。例如，2009 年 3 月 9 日，道瓊工業指數收盤在 6,547 點，這是 2008 年大金融危機期間的谷底。你可知道，在這之前，上一次道瓊工業指數收盤在 6,547 點是何時嗎？

1997 年 4 月 14 日，亦即十二年前。

這意味的是，若你在 1997 年 4 月 15 日購買道瓊工業指數型基金，你得再等將近十二年才能看到一個更低的價格。任何一個投資人近乎不可能有耐心為了一個更好的價格等待這麼久。

所以說，市場擇時（market timing）理論上固然誘人，實務上難行。

因此，投資你的錢的最佳市場擇時方法是盡快。不是只有我這麼認為，多種資產類別和多期間的歷史資料可資佐證。

▍現在投資，抑或分批漸進投資？

在檢視歷史資料之前，首先定義我將在本章其餘內容中使用到的一些名詞：

- **現在買**（buy now）：馬上把你可以投資的錢全部拿去投資。投資的金額不重要，立即把全部可投資的錢拿去投資。
- **平均投資**（average-in）：把你可以投資的錢拿來漸進地分批投資。如何漸進地投資這些錢，由你決定，但典型的方法是在一段期間，等量分批投資，例如在 12 個月期間，每月投資一筆。

<圖表 13-1 >顯示以「現在買」策略投資 12,000 美元和 12 個月期間「平均投資」這筆錢的差別。

採行現在買策略的話，你在第一個月投資 12,000 美元（你能投資的所有錢）；採行平均投資策略的話，第一個月只投資 1,000 美元，其餘 11,000 美元在接下來 11 個月分批投資，每月投資 1,000 美元。

若你在過去使用這兩種策略投資 S&P 500，你會發現，大多數時候，平均投資策略的績效比現在買策略的**績效差**。

圖表 13-1　現在買策略 vs. 平均投資策略

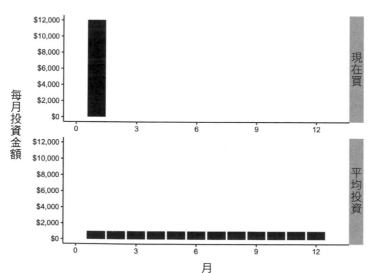

更確切地說，平均而言，每一個 12 個月投資期，平均投資策略的績效表現比現在買策略的績效表現低 4%；1997 年至 2020 年的所有 12 個月投資期中，有 76% 的時候，平均投資策略的績效表現比現在買策略的績效表現差。

有人可能覺得，一年期間的投資績效遜色 4% 並不是很多，但別忘了，這只是**平均**而言。若我們檢視歷時的整個績效遜色程度，將看到情況可能糟得多。

舉例而言，＜圖表 13-2 ＞顯示，1997 年至 2020 年期間投資 S&P 500，在所有的 12 個月期間，平均投資策略相對於現在買策略的績效超額（performance premium）。

這條線上的每一個點代表 12 個月後，平均投資策略和現在買策略的報酬差異。例如，這曲線的最高點發生於 2008 年 8 月，平均投資策略的一年報酬比現在買策略多了 30%。

圖表 13-2　平均投資策略 vs. 現在買策略，12 個月投資期投資於 S&P 500 的總報酬

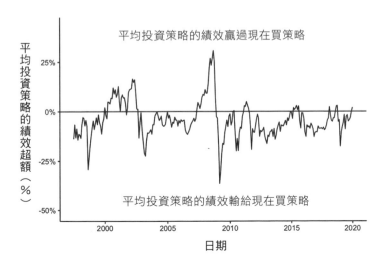

為何 2008 年 8 月時，現在買策略的績效表現比平均投資策略的績效表現差這麼多呢？

因為過了 2008 年 8 月不久，美國股市崩盤。更確切地說，若你在 2008 年 8 月底投資 12,000 美元於 S&P 500，到了 2009 年 8 月底，你將只剩下 9,810 美元（包括再投入的股利），總計虧損了 18.25%。

但若你採行平均投資策略，在這段期間每月投資 1,000 美元，到了 2009 年 8 月底，你有約 13,500 美元（或一年 12.5% 的**報酬**）。

這就是 2008 年 8 月至 2009 年 8 月期間，相對於現在買策略，平均投資策略的績效比現在買策略的績效優了 30% 的由來。

但是，＜圖表 13-2 ＞的真正重點並不是這個峰值，而是這條線通常低於 0%。這條線低於 0% 時，代表平均投資策略的績效比現在買策略的績效差；這條線高於 0% 時，代表平均投資策略的績效比現在買策略的績效好。

你可以看到，大多數時候，平均投資策略的績效比現在買策略**差**。這並不是近期才有的現象，檢視回溯至 1920 年的美國股市報酬，我們會發現，平均而言，每一個 12 個月投資期，平均投資策略的績效表現比現在買策略的績效表現低 4.5%；1920 年至 2020 年的所有 12 個月投資期當中，有 68% 的時候，平均投資策略的績效表現比現在買策略的績效表現差。＜圖表 13-3 ＞顯示這段更長期間，平均投資策略相對於現在買策略的績效超額。

唯有在重大的股市崩盤前（例如 1929 年、2008 年等等），平均投資策略的績效才會顯著優於現在買策略，使其績效超額出現峰值。這是因為平均投資法在市場重挫時入市，因此，它的買入均價低於僅有一筆投資的現在買策略的買進價格。

雖然，有人可能會覺得，我們經常處於市場崩盤的邊緣，但事實是，重大的市場崩盤並不多見。這也是為何在整個歷史的大部分時間，

圖表 13-3　平均投資策略 vs. 現在買策略，12 個月投資期投資於美國股市

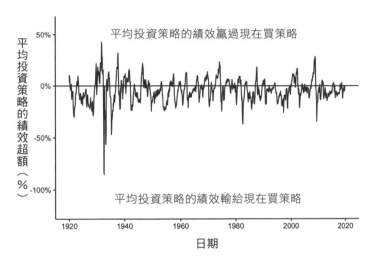

平均投資策略的績效比現在買策略差的原因。

　　從上述資料分析可以看出，當投資於股市時，現在買策略優於平均投資策略。那麼，其他種類的資產呢？

非股票的其他種類資產呢？

　　我不想用大量的圖表來展示在投資於各種資產之下，現在買策略都大致優於平均投資策略，因此，我製作了一個摘要表。＜圖表 13-4 ＞顯示 1997 年至 2020 年的所有 12 個月投資期，平均投資策略的績效比現在買策略的績效**低**了多少。

　　例如，這張摘要表告訴我們，一個投資人在 1997 年至 2020 年間的任何一個 12 個月投資期以平均投資策略投資黃金的話，平均而言，其績效比現在買策略低了 4%；在所有的 12 個月投資期當中，有 63% 的時候，平均投資策略績效比現在買策略差。

圖表13-4　投資各種資產，平均投資策略的績效比現在買策略的績效差了多少，1997年-2020年

資產種類	平均而言，一個12個月投資期，平均投資策略的績效比現在買策略低了多少	在所有的12個月投資期當中，平均投資策略績效比現在買策略差的時候佔了多少比例
比特幣（2014-2020年）	96%	67%
美國國庫券	2%	82%
黃金	4%	63%
已開發市場股票	3%	62%
新興市場股票	5%	60%
60%股票／40%債券的投資組合	3%	82%
S&P 500總報酬	4%	76%
美國股票（1920-2020年）	4%	68%

　　從＜圖表13-4＞可以看出，絕大多數種類的資產，平均投資策略的12個月投資期績效平均比現在買策略低了2%至4%，而且，不論你從何時開始做為期12個月的投資，有60%至80%的時候，平均投資策略的績效比現在買策略差。

　　這意味的是，若你隨機挑選一個月開始以平均投資法投資於一種資產，你的投資報酬很可能低於把相同的總投資金額一舉投資於這種資產所獲得的報酬。

圖表13-5　平均投資策略vs.現在買策略，12個月投資期投資S&P 500的總報酬的標準差

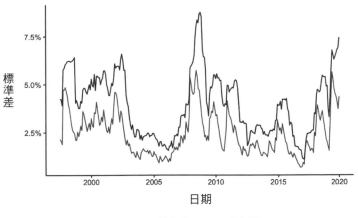

風險呢？

截至目前為止，我們只比較了現在買策略和平均投資策略的**績效**，但是，投資人也關心這兩種策略的風險差異。現在買策略的風險是不是高於平均投資策略的風險呢？答案是響亮的：沒錯！

如＜圖表13-5＞所示，當投資S&P 500時，現在買策略的標準差（standard deviation）**總是高於**平均投資策略。在此說明一下，標準差指的是一特定的數據序列偏離其平均值的程度；因此，較高的標準差通常代表風險較高的投資或投資策略。

沒錯，現在買策略的風險較高，因為這策略是立即投資，現金直接全部變成標的資產部位，而平均投資策略在整個購買期間是部分持有現金。股票是風險高於現金的資產，當你持有的股票部位愈多時，風險自然愈高。

圖表 13-6　12個月投資期平均投資S&P 500 vs.現在買策略投資於60% 股票／40%債券的資產組合

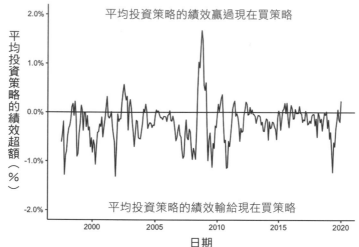

不過，若你擔心風險的話，或許你應該考慮採行現在買策略，投資於**較保守**的投資資產組合。

例如，若你原本想採行平均投資策略，百分之百投資於美國股票，你可以改採現在買策略，60% 投資於美國股票，40% 投資於債券，這種策略及投資組合可以在相同水準的風險下獲得稍高的報酬。

如＜圖表 13-6＞所示，1997 年至 2020 年間的絕大多數時候，以平均投資策略百分之百投資於美國股票的績效，比用現在買策略投資於 60% 美國股票／40% 債券的資產組合差。

在這個例子中，平均投資策略的績效低於現在買策略績效的幅度小，但別忘了，你是用現在買策略，在大多數時候風險水準相同（或更低）於平均投資策略之下，獲得這小幅的績效超額。這是投資人想要的：較高的報酬，較低的風險。＜圖表 13-7＞顯示兩種策略在這段期間

圖表 13-7 12個月投資期平均投資於S&P 500的總報酬標準差 vs.現在買 策略投資於60%股票／40%債券的總報酬標準差

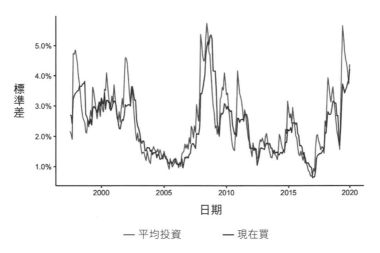

的 12 個月投資報酬的標準。

　　從＜圖表 13-7 ＞可以看到，大多數時候，以現在買策略投資 60% 股票／40% 債券的資產組合，其風險水準相同或低於以平均投資策略投資 S&P 500（百分之百投資於股票）。

　　總的來說，以現在買策略投資於 60% 股票／40% 債券的資產組合，通常贏過以平均投資策略百分之百投資於股票。

　　所以，若你擔心以現在買策略百分之百投資於股票的風險，有更好的方法：別用平均投資策略百分之百投資於股票，應該考慮使用現在買策略，投資於風險水準較低的資產組合，例如 60% 股票和 40% 債券。

把尚待投資的錢拿來投資國庫券，有差嗎？

前述分析常遭到的批評之一是，平均投資法假設把尚待投資的錢閒置著，等待後續投資。一些人主張，採行平均投資策略時，應該把尚待投資的現金拿去買美國國庫券。

理論上，我贊同這邏輯，但問題是，多數投資人在實務上不會遵循這建議。很少投資人會在漸漸投資於股票的同時，把還未投資的錢拿去買國庫券。

這件事是我和一些財務顧問交談時，他們告訴我的。他們和無數的潛在客戶交談時得知，那些人抱著現金**多年**，等待合適時機入市。

但我也從美國散戶投資人協會（American Association of Individual Investors，簡稱 AAII）所做的每月資產配置調查結果得知這點，該調查顯示，自 1989 年以來，散戶投資人的資產配置中平均有 20% 是現金。[86]

雖然，前述提議行不通，因為投資人實際上並不會去買國庫券，但我仍然檢視了資料。＜圖表 13-8 ＞顯示採行平均投資策略投資各種資產、但同時把尚待投資的現金**拿去買國庫券的話**，其平均投資績效比採行現在買策略投資於各種資產的績效差了多少。

例如，這張表告訴我們，一個投資人在 1997 年至 2020 年間的任何一個 12 個月投資期以平均投資策略投資於比特幣、並且把尚待投資的現金拿去購買國庫券的話，平均而言，其績效比現在買策略低了 96%；在所有的 12 個月投資期當中，有 65% 的時候，這種平均投資策略的績效比現在買策略差。

把＜圖表 13-8 ＞和＜圖表 13-4 ＞相較，主要差別是，平均投資策略的 12 個月投資期績效平均比現在買策略低了 1% 至 3%（而非先前的2% 至 4%）；而且，不論你從何時開始做為期 12 個月的投資，有 60%至 70% 的時候，平均投資策略的績效比現在買策略來得差（而非先前的

圖表 13-8　投資各種資產，採行平均投資策略、但同時把尚待投資的現金拿去買國庫券，其績效比現在買策略的績效差了多少，1997年-2020年

資產種類	平均而言，一個12個月投資期，平均投資策略的績效比現在買策略低了多少	在所有的12個月投資期當中，平均投資策略績效比現在買策略差的時候佔了多少比例
比特幣（2014-2020年）	96%	65%
美國國庫券	1%	72%
黃金	3%	60%
已開發市場股票	2%	60%
新興市場股票	4%	57%
60%股票／40%債券的投資組合	2%	77%
S&P 500總報酬	3%	74%

60% 至 80%）。雖然，這種把尚待投資的錢拿去買國庫券的平均投資策略，其績效比現在買策略績效差的幅度縮小了，但績效仍然是較差。

▌需要理會估值嗎？

當建議現在買策略勝過平均投資策略時，我常聽到的反應是：「通常，這有道理，但在這些極端估值之下，不合理！」

當市場的估值普遍上抬高時，是否意味我們應該重新考慮平均投資策略呢？

不見得。

　　向入門讀者說明，我使用的估值比率是「週期調整本益比」（cyclically-adjusted price-to-earnings ratio，簡稱 CAPE），它衡量你必須為擁有 1 美元價值的美國上市公司的盈餘而支付多少錢；例如，若 CAPE 為 10，代表你必須為 1 美元的盈餘支付 10 美元。CAPE 比率較高，股票被視為較貴；CAPE 比率較低，股票被視為較便宜（譯註：一般本益比是股價除以每股盈餘，CAPE 是經過通膨調整後的股價／經過通膨調整後的過去十年平均每股盈餘，藉此去除通膨、偶發重大事件導致的市場大波動等的影響，比較能反應市場的實質估值。CAPE 是經濟學家席勒提出的，故又名為「席勒本益比」，通常被用於衡量大盤的估值，而非衡量個股的估值）。

　　若我們用 1960 年以來的 CAPE 百分位數來劃分平均投資策略 vs. 現在買策略的績效，我們可以看到，在所有百分位數區隔，平均投資策略的績效都比現在買策略的績效差，參見＜圖表 13-9 ＞。

圖表 13-9　不同 CAPE 百分位數區隔的平均投資策略績效 vs. 現在買策略的績效

CAPE 百分位數	平均而言，一個 12 個月投資期，平均投資策略的績效比現在買策略低了多少	在所有的 12 個月投資期當中，平均投資策略績效比現在買策略差的時候佔了多少比例
CAPE ＜ 15（＜第 25 百分位數）	5%	67%
CAPE 15-20（第 25 至第 50 百分位數）	4%	68%
CAPE 20-25（第 50 至第 75 百分位數）	3%	71%
CAPE ＞ 25（＞第 75 百分位數）	2%	70%

平均投資策略績效差於現在買策略績效的幅度，確實隨著 CAPE 的提高而縮小。不幸的是，當我們試圖分析最高估值期間時，我們碰上了樣本大小的問題。

舉例而言，若我們只考慮 CAPE 大於 30 的情形（大約是 2019 年年底時的 CAPE 水準），平均而言，在接下來 12 個月，平均投資策略的績效比現在買策略的績效**高出** 1.2%。但是，2010 年之前，CAPE 超過 30 的唯一時期是網際網路公司泡沫期！

若你因為 CAPE 比率太高而想觀望等待，你可能會錯過某些大額報酬。例如，CAPE 最近超過 30 是在 2017 年 7 月，若你當時抱著現金，繼續觀望等待，你將錯過 S&P 500 此後一直到 2020 年年底的 65% 上漲（包括股利）。

若你認為市場估值過高，應該會出現大回檔，你可能得等上多年才能證明你是對的，但你也有可能等不到大回檔。因此，在使用估值作為繼續抱著現金的藉口前，請認真考慮這點。

▌最後總結

在決定現在就投資你的全部錢抑或分批漸進投資時，較好的選擇幾乎總是現在就投資全部，不論什麼資產類別、期間、估值法，這點全都成立。通常，你部署你的資本的等待時間愈長，投資報酬愈差。

我說「通常」，是因為唯有在市場崩盤時，平均投資策略才會帶給你較好的報酬，但正是市場崩盤時，你會**最不熱切於**投資。

人很難擊退這些情緒，這也是許多投資人在市場下跌時不會**繼續買進**的原因。

若你仍然對現在就投資一大筆錢感到擔心，問題可能在於你考慮的投資資產組合對你的喜好而言風險太高，若然，有何解方呢？現在就把

你的錢投資於比你通常能接受的更為保守的資產組合。

若你的目標配置是 80% 股票 / 20% 債券的資產組合，可以考慮現在把所有錢投資於 60% 股票 / 40% 債券的資產組合，以後再漸漸調整。例如，你可以今天投資於 60% / 40% 的資產組合，但訂定明確計畫，從現在算起的一年後，把它再平衡至 70% / 30%，再一年後，調整至 80% / 20%。

這樣，你的錢仍然能賺得一些報酬，同時也不會一開始就冒太多風險。

探討完為何現在投資勝過等待，接下來探討為何你不該等到逢低才買進。

第 14 章

為何你不該等到逢低才買進？

就連上帝也贏不了平均成本法

若上一章未能說服你永遠放棄市場擇時，那麼，這章一定能。我資料準備得很齊全，才敢這麼說。

首先來玩個遊戲。

想像你穿越回到了 1920 年和 1980 年之間的某個時點，你必須在接下來四十年投資於美國股市，你有兩種投資策略可以選擇：

1. **平均成本法（dollar-cost averaging）**：接下來四十年，你每月投資 100 美元。

2. **逢低買進（buy the dip）**：你每個月存 100 美元，只在股市下跌時才買進。凡是市場不是在歷史新高時，都可稱為低點（dip）。不過，我要把這第二種策略變得更好，你不僅逢低買進，我還讓你變身全知的上帝，你知道市場何時會來到介於任何兩個歷史新高點之間的絕對底部，這將確保當你逢低買進時，總是買到最低價格。

這遊戲的唯一規定是，你不能進進出出股市，一旦做出一筆購買，必須一直持股到這期間的終點。

你選擇哪種策略：平均成本法，或是逢低買進？

邏輯上，逢低買進似乎不可能虧損。若你知道何時是底部，你總是能買到兩個歷史新高點之間那段期間的最便宜價格。

但是，若你真的採行這策略，你將會看到，在 1920 年和 1980 年之間的任何一個時點開始投資的話，在所有的四十年投資期當中，有超過 70% 的時候，逢低買進策略的績效將比平均成本法策略的績效差。儘管你知道市場何時會觸底，這結論依然成立。

就連上帝也贏不了平均成本法！

為什麼？因為只有當你知道一個市場大跌即將來臨、且能算準它到來的時間，逢低買進策略才能奏效。

問題是，市場大跌不常發生，在美國股市史上，大跌只發生於 1930 年代、1970 年代及 2000 年代，這算是罕見了。這意味的是，逢低買進策略只有很小的機會能贏過平均成本法策略。

在逢低買進策略能擊敗平均成本法策略之時，你還需要像上帝般無懈可擊地抓住時機，錯過底部兩個月，逢低買進策略擊敗平均成本法策略的可能性就從 30% 降低至 3%。

我也不費口舌勸說你相信我的話，我們來深入細節，用歷史資料來驗證為什麼這是真的。

了解逢低買進如何奏效

首先，為熟悉逢低買進策略，我們考慮 1996 年 1 月至 2019 年 12 月這二十四年期間的美國股市。我在＜圖表 14-1 ＞中畫出這二十四年期間的 S&P 500（包含股利，經過通膨調整），並以灰點標示歷史新高點。

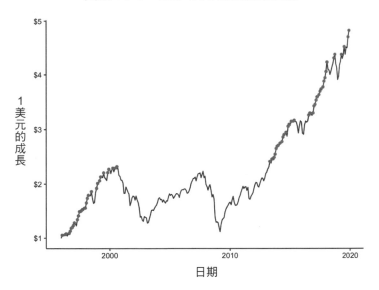

圖表 14-1　S&P 500 的歷史新高點

接著，我在完全相同的圖上以黑點標示市場的每一個低點（這裡的低點，定義為兩個歷史新高點之間的最大下跌，亦即兩個歷史新高點之間的最低點），這些低點是逢低買進策略的購買點，參見＜圖表14-2＞。

如＜圖表14-2＞所示，低點（黑點）發生於任何兩個歷史新高（灰色點）之間的最低點。這段期間，最顯著的低點發生於 2009 年 3 月（2010 年之前那個孤單的黑點），這是自 2000 年 8 月的市場新高點後的最低點。

但是，你也會注意到，有許多較不那麼顯著的低點坐落在兩個歷史新高點之間。這些低點群集於牛市期間（1990 年代中期至末期，以及2010 年代中期）。

為了把逢低買進策略的操作視覺化，我畫出此策略在 1996 年至

圖表14-2　S&P 500的歷史新高點和dip

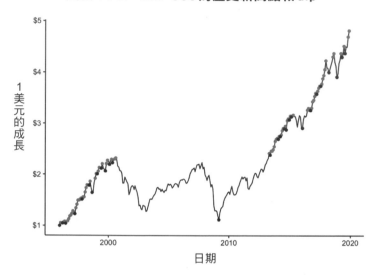

圖表14-3　逢低買進策略

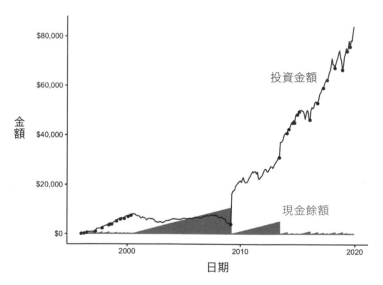

2019 年這段期間的投資額及其現金餘額，如＜圖表 14-3 ＞所示。

　　此策略每次入市時（＜圖表 14-3 ＞中的黑點），投資人手上的現金餘額（灰色區塊）就會趨向零，投資金額上升。2009 年 3 月時，這情形最為明顯，經過近九年的現金儲蓄，逢低買進策略在股市中投資了 10,600 美元。

　　把逢低買進策略和平均成本法策略的資產組合價值拿來比較，你將看到逢低買進策略在 2009 年 3 月買進時，開始贏過平均成本法策略，參見＜圖表 14-4 ＞。在＜圖表 14-4 ＞中，黑點代表逢低買進策略做出投資之時。

　　若你想了解何以 2009 年 3 月的這筆購買如此重要，我們可以看看平均成本法策略的每一筆購買在這段投資期間終了時成長為多少，我把它繪製成＜圖表 14-5 ＞，並在其中標示逢低買進策略的購買點，兩相對照比較。在＜圖表 14-5 ＞中，每一個灰色直條代表 100 美元的購買到了

圖表 14-4　逢低買進 vs. 平均成本法

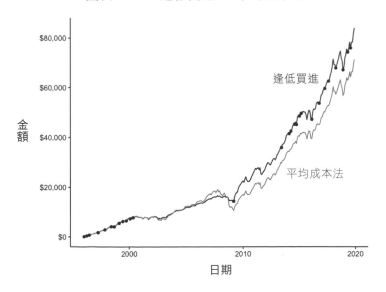

圖表 14-5　平均成本法的每筆購買的最終成長，以及逢低買進策略的購買點

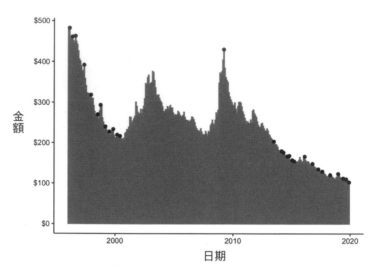

2019 年 12 月時成長為多少。

　　例如，1996 年 1 月的 100 美元購買，到了 2019 年 12 月時，成長至超過 500 美元。此圖表中的黑點代表逢低買進策略的購買點。

　　從＜圖表 14-5 ＞可以看出逢低買進策略在 2009 年 3 月購買的報酬有多大，因為在 2009 年 3 月，每 100 美元的投資，到了 2019 年 12 月時，將成長至近 450 美元（＜圖表 14-5 ＞中那個接近 2010 年時高聳的單一黑點）。

　　＜圖表 14-5 ＞還顯示了值得注意的另外兩點：

1. 平均來說，較早的投資成長得更多（複利的力量！）。
2. 一些月份（例如 2003 年 2 月，2009 年 3 月）的投資，其成長明顯高於其他月份。

把這兩點結合起來，意味的是，**當大的低點發生於這段期間更早之時**，逢低買進策略將贏過平均成本法策略。

最好的例子是 1928 年至 1957 年期間（參見＜圖表 14-6 ＞），這期間有美國股市史上最大的低點（發生於 1932 年 6 月）。

在 1928 年至 1957 年期間，逢低買進策略的績效非常優異，因為它很早就買在了史上最大的低點（1932 年 6 月）。在 1932 年 6 月的市場底部，每投資 100 美元，到了 1957 年將成長為 4,000 美元（經過通膨調整後）！美國股市史上，沒有任何其他時期能與之媲美，而且都差遠了。

寫到這裡，我知道，有人可能會覺得奇怪，好像我在試圖推銷逢低買進策略。不是的，逢低買進策略之所以在 1996 年至 2019 年和 1928 年至 1957 年這兩個期間表現優異，是因為這兩個期間恰好是持續很長的大熊市。

若我們把時間軸拉得更長，逢低買進策略在大多數時候未能贏過平

圖表 14-6　平均成本法的每筆購買的最終成長，以及逢低買進策略的購買點

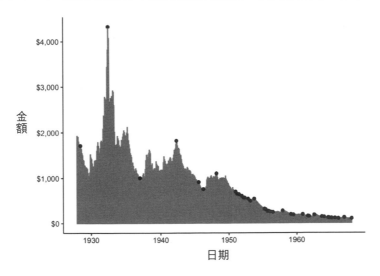

均成本法策略。<圖表 14-7 >顯示在所有的四十年投資期，逢低買進策略的績效相對於平均成本法策略的績效的優勝率，這裡的「優勝率」（outperformance）的定義是：逢低買進策略的投資資產組合最終價值除以平均成本法策略的投資資產組合最終價值。

當逢低買進策略的投資資產組合最終價值高於平均成本法策略的投資資產組合最終價值時，落在<圖表 14-7 >中的 0% 線之上；當逢低買進策略的投資資產組合最終價值低於平均成本法策略的投資資產組合最終價值時，落在 0% 線之下。在所有的四十年投資期當中，有超過 70% 的時候，逢低買進策略的績效比平均成本法策略的績效**差**（亦即落在 0% 線之下）。

從<圖表 14-7 >可以看出，自 1920 年代開始，逢低買進策略表現得很好（這是由於 1930 年代的大熊市），投資資產組合的最終價值比平均成本法策略高了 20%。但是，過了 1930 年代的大熊市，它的表現就

圖表 14-7　逢低買進 vs. 平均成本法，所有的 40 年投資期

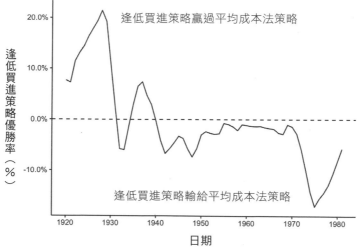

沒那麼好了，而且持續變差。逢低買進策略的績效表現最差（相對於平均成本法策略）的一年發生於 1974 年熊市之後，亦即從 1975 年開始投資的四十年投資期。

　　逢低買進策略在這段四十年投資期（1975 年至 2014 年）的績效表現尤其糟糕，因為它錯過了出現於 1974 年的探底。自 1975 年開始，美國股市的下一個歷史新高點要到 1985 年才出現，這意味的是，直到 1985 年之後，才會出現此策略能夠入市購買的低點。

　　因為這個對逢低買進策略而言很不幸的時機，平均成本法策略得以輕易地勝出。＜圖表 14-8 ＞顯示這兩種策略在 1975 年後的所有四十年投資期的最終績效表現（投資資產組合的最終價值），黑點代表逢低買進策略的購買點。

　　從＜圖表 14-8 ＞中可以看出，平均成本法策略很早就開始領先逢低

圖表 14-8　逢低買進 vs. 平均成本法，1975 年後的所有 40 年投資期

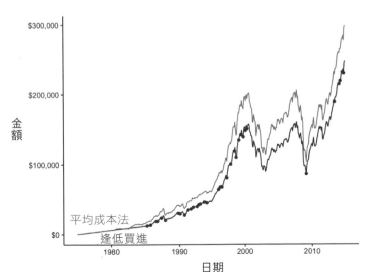

買進策略,並且一路領先到最後。儘管這段期間出現了逢低買進策略可以進場購買的一些大低點,但這些大低點發生在這段期間的**較後段**,能讓複利力量發揮作用的時間較短。

把平均成本法策略在這段期間的每筆購買的最終成長繪出來,再標示逢低買進策略在這段期間的購買點,兩相對照,就能更清楚地看出這點,參見<圖表 14-9 >。

不同於 1928 年至 1957 年和 1996 年至 2019 年這兩段期間的模擬,在 1975 年至 2014 年這段期間的模擬中,逢低買進策略沒有在此期間的早期買到大低點的機會。雖然,它在 2009 年 3 月的低點進場購買,但這低點發生在四十年投資期的太後面,無法提供足夠助力,幫助它贏過平均成本法策略的績效。

這顯示,縱使有完美的資訊,逢低買進策略通常輸給平均成本法策略。因此,若你一直抱著現金,冀望在下一個底部買進,你的投資報酬

圖表 14-9　平均成本法的每筆購買的最終成長,以及逢低買進策略的購買點

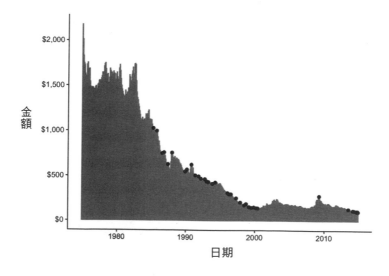

可能不如盡快購買。

為什麼？

因為你一直等待你鍾愛的低點，但它可能遲遲未來，結果，市場持續上揚，你錯失了多月（或更多時間）的複利成長，績效遠遠落後。

逢低買進策略的更大問題是，截至目前為止，我們一直假設你精確知道市場底部何時到來，但現實中，你永遠無法確知，你永遠不會有完美市場擇時先見之明。

我做了一個變化版的逢低買進策略模擬，模擬這策略錯過底部兩個月，你猜結果如何？僅僅錯過兩個月，就有 97% 的時候，此策略的投資績效輸給平均成本法策略！也就是說，縱使是對市場底部的預測能力還不錯、能夠在預測絕對底部時間點上只有前後兩個月誤差的人，長期的投資績效仍然會輸。

▌總結

本章的主要目的是重申：持續存錢以期逢低買進，最終是徒勞無功。若你持續買，報酬會好得多。而且，如前章所述，通常來說，盡早投資勝過較晚投資。彙總後得出千真萬確的結論：

你應該盡早投資，且盡量經常投資。

這是「持續買進」的核心理念，任何時空皆是如此。

舉例而言，若你在 1926 年的任何一個月開始購買廣泛的一籃子美國股票（亦即指數），並且在接下來十年持續買，有 98% 的機會將擊敗坐擁現金，有 83% 的機會將擊敗五年期國庫券。更重要的是，這麼做，你的錢將獲得 10.5% 的報酬。[87]

若你對 1970 年後的一群全球股票做相似的分析，你會發現，十年的投資期，你擊敗坐擁現金的可能性為 85%，報酬率約 8%。[88]

在這兩個例子中，創造財富的方法相同：持續買進就對了。

畢竟，連上帝都贏不了平均成本法，你的勝算有多大呢？

上帝仍是最終的贏家

在分析本章的所有數字時，我獲得的最重要洞察之一是：我們的投資太取決於時機運氣了。時機運氣的正式名稱是**報酬順序風險**（sequence of return risk），參見下章內容。

舉例而言，我在本章中分析的最佳四十年投資期是從 1922 年到 1961 年，你採行平均成本法策略的總計投資 48,000 美元（40 年 ×12 個月 × $100）將成長至超過 500,000 美元（經過通膨調整後）。

最糟的四十年投資期是 1942 年至 1981 年，你的總計投資 48,000 美元將只成長至 153,000 美元。兩者相差了 226%，遠大於我們看到的平均成本法策略和逢低買進擇時策略的任何績效差距！

很遺憾，這顯示，你的策略的影響力不如市場變化的影響力。上帝仍然是最終的勝利者。

所以，下一章就來談談運氣在投資中扮演的角色吧。

第 15 章

為什麼投資靠運氣？

以及為何你不該在意這點

1970 年代後期，出版界抱持的觀點是，一個作者一年絕對不要出版超過一本書。其思維是，一年出書超過一本的話，將會削弱作者的品牌。

這令史蒂芬・金（Stephen King）有點煩惱，他的寫書速度是每年兩本。他沒有放慢速度，而是決定用筆名「理查・巴克曼」（Richard Bachman）出版他的部分著作。

接下來幾年，史蒂芬・金出版的每本書都銷售上百萬冊，而理查・巴克曼依舊沒什麼名氣。史蒂芬・金是個傳奇人物，理查・巴克曼是個無名之輩。

但後來，華盛頓特區的一位書店店員史帝夫・布朗（Steve Brown）注意到史蒂芬・金和理查・巴克曼的文風很相似。在面對證據之下，金承認了，並同意在幾星期後接受布朗的訪談。

法蘭斯・喬漢森（Frans Johansson）在其著作《比努力更關鍵的運氣創造法則》（*The Click Moment: Seizing Opportunity in an Unpredictable World*）中講述接下來發生的故事：

1986 年，這祕密揭露後，史蒂芬・金用他的本名重新出版所有原先以巴克曼之名出版的書，它們全部一飛沖天，上了暢銷書排行榜。《銷形蝕骸》（*Thinner*）初版賣了 28,000 冊，是「理查・巴克曼」名下銷售量最高的一本，也高於作家平均水準。但理查・巴克曼就是史蒂芬・金的消息一出，巴克曼的著作銷售量馬上暴增，很快就賣到了 300 萬冊。

這種現象不是只發生於史蒂芬・金身上，羅琳（J.K. Rowling）以筆名「羅伯・蓋布瑞斯（Robert Galbraith）」出版《杜鵑的呼喚》（*The Cuckoo's Calling*）一書，後來被某人用先進的文本分析技術發現，此書作者實為羅琳。[89]

大眾得知蓋布瑞斯就是羅琳後不久，《杜鵑的呼喚》這本書銷售量暴增 150,000%，在亞馬遜書店暢銷書排行榜上從之前的第 4,709 名衝上第三名。[90]

史蒂芬・金和羅琳短暫使用筆名的故事，顯示了有關於運氣在成功中扮演的角色的殘酷事實。雖然，史蒂芬・金和羅琳的成就並非純粹是運氣使然，但很難解釋何以在相似的品質下，他們能賣數百萬、上千萬冊，而巴克曼和蓋布瑞斯不能。運氣真的扮演重要角色。

不幸的是，可以左右你的職業成敗的這神祕力量，也對你的投資績效有很大的影響力。

▎你的出生年如何影響你的投資報酬

你可能以為，像出生年這麼隨機的東西，對你創造財富的能力應該沒什麼影響。那可就錯了。檢視整個歷史，你會發現，股市往往出現難以預測的起伏。

　　＜圖表 15-1 ＞是 1910 年以來每一個十年投資期的 S&P 500 年均報酬率（包含股利，經過通膨調整後）。你可以從這圖表看出，十年的投資期，你可能獲得年均報酬率 16.6%，或 -3.1%，視你的十年投資期是哪一個十年而定。這是年均報酬率橫跨了 20 個百分點的範圍，但與你的投資選擇無關。

　　但這還只是投資的一小塊，若你檢視二十年的投資期，年均報酬率的變異程度仍然很大。如＜圖表 15-2 ＞所示，視你的二十年投資期是哪一個二十年而定，你的最高年均報酬率是 13.0%，最差的年均報酬率是 1.9%。

　　因為這種報酬率的大差別，縱使是技巧好的投資人，其投資績效仍然可能不敵那些純粹幸運的投資人。

　　舉例而言，若你在 1960 年至 1980 年這二十年投資期的年均報酬率

圖表 15-1　S&P 500 的幸運與不幸運的十年投資期

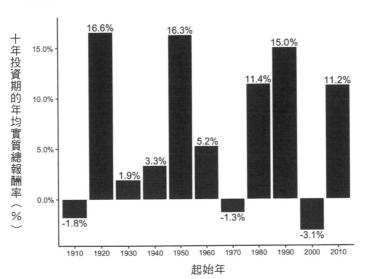

圖表 15-2　二十年投資期的 S&P 500 年均實質總報酬率

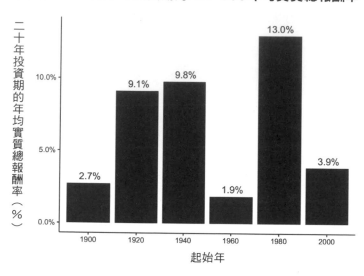

比大盤高 5%，你賺得的報酬仍然**少於**若你在 1980 年至 2000 年這二十年投資期比大盤低 5% 的年均報酬率。因為 1960 年至 1980 年的大盤年均實質報酬率為 1.9%，而 1980 年至 2000 年的大盤年均實質報酬率為 13%，1.9% + 5% < 13% − 5%。

　　想想看：甲是很出色的投資人，年均報酬率比大盤高 5%；乙是很遜的投資人，年均報酬率比大盤低 5%，但是，甲賺得比乙少，僅僅是因為他們開始投資的**時間**不同。這個例子是刻意挑選最高和最低的大盤年均報酬率，但示範了技巧好的投資人（投資績效優於大盤）可能輸給技巧差的投資人（投資績效劣於大盤），只因為他們在不同的市場環境下投資。

　　唯一的好消息是，若投資期為三十年的話，年均報酬率的差異就遠不那麼顯著，參見〈圖表 15-3〉。

　　在〈圖表 15-3〉中，我們雖只檢視四個不重疊期間的資料，它顯

圖表15-3 三十年投資期的S&P 500年均實質總報酬率

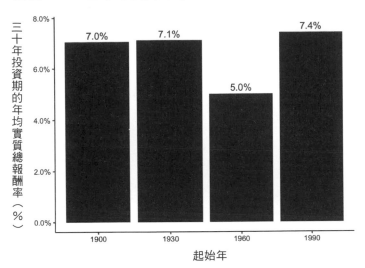

示，美國股市的長期投資人的努力通常獲得回報。雖然，這在將來未必成立，但根據歷史記錄，我認為仍然會成立。

討論完投資期間方面的運氣對你的總投資報酬的影響後，我們也得考慮你的投資報酬**順序**，以及為何這也會有所影響。

▍為什麼報酬順序也有影響

設若你把 10,000 美元存入你的一個投資帳戶，接下來四年的報酬率如下：

- 第一年 +25%
- 第二年 +10%
- 第三年 –10%

- 第四年 –25%

假如你獲得這些報酬的順序不同，會不會更好呢？例如，想像上述報酬的順序正好反過來：

- 第一年 –25%
- 第二年 –10%
- 第三年 +10%
- 第四年 +25%

這會不會影響你的投資本金 10,000 美元的最終投資資產組合價值？

答案是：不會。

當做出單一一筆投資，日後不再增加或減少投資金額時，你的報酬順序不會影響你的投資資產的最終價值。若你不相信我的話，請花點時間證明 3×2×1 如何不等於 1×2×3。

但是，若你日後增加（或減少）投資金額的話？報酬順序會有所影響嗎？

會。當你**隨著時間**增加投資金額時，你會更重視你的未來報酬，因為你在更後期受到影響的錢更多。因此，日後增加更多投資金額的話，未來的報酬率的重要性就提高。這意味的是，增加投資金額後若出現負報酬率，將使你的**損失絕對金額**大於增加投資金額之前。

由於多數散戶投資人會隨著時日增加投資資產，因此，投資報酬順序的影響程度大於近乎所有其他你面臨的財金風險。這個的正式名稱是**報酬順序風險**，可用以下的思考實驗來解釋。

想像在以下兩種不同情境下，一年存 5,000 美元，存二十年：

1. **負報酬率出現於前期**：前面十年，你獲得 –10% 的年報酬率，後面十年獲得 +10% 的年報酬率。
2. **負報酬率出現於後期**：前面十年，你獲得 +10% 的年報酬率，後面十年獲得 –10% 的年報酬率。

兩種情境的報酬率相同，二十年期間的總投資額都是 100,000 美元，唯一的差別是對應已投資金額的報酬率**時序**不同。

　　＜圖表 15-4 ＞顯示不同情境下，你的投資資產組合的最終價值。我在第十年處繪了一條直線，以凸顯報酬順序從 –10% 轉變為 +10%，或從 +10% 轉變為 –10%。

圖表 15-4　投資期後期出現的負報酬率的影響較大

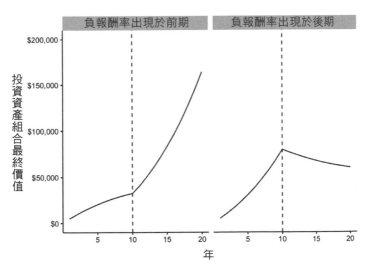

從＜圖表 15-4 ＞可以看出，雖然你每年投資 5,000 美元，報酬率**順序**的差異導致你的投資資產組合的最終價值大大不同。儘管兩種情境的總投資金額相同，負報酬率出現於前期所產生的投資資產最終價值比出現於後期要高出 100,000 美元。

在投資期的後期，你的大部分錢已經下注了，此時出現負報酬率，導致的損失將大於投資期前期出現的負報酬率導致的損失。換言之，結尾最重要。

▎結尾最重要

跟多數投資人一樣，你人生的大部分時間將與日累積資產，這意味的是，最重要的投資報酬率（亦即影響最大的投資報酬率）落在你接近和邁入退休時，若你的投資資產在此時遭遇大的負報酬，積蓄將大減，而且，你未必活得夠久而能看到它補回來。

使這情境變得更糟的是，你可能在退休後減少投資，這將使你的積蓄消減速度更快。

所幸，研究顯示，一、兩年的市場糟糕表現不太可能顯著衝擊你的退休後生活。財務規劃專家麥克・基茨的研究指出：「事實上，更深入檢視資料後發現，退休後頭一、兩年的報酬率和投資資產組合能支撐的安全提領率這兩者之間並無多大關係，就算在退休之初遇上市場崩盤也無礙。」[91]（譯註：基茨的實證分析發現，退休後頭一年的 S&P 500 報酬率不論是最差或最佳的時候，對安全提領率的影響都很小，這是因為在短期，多樣化的投資資產組合中有其他資產可供提領，就算提領必須來自股票，也只佔投資資產組合的一小部分而已。）

不過，基茨也發現，退休後**頭十年**的實質投資報酬率（亦即經過通膨調整後的報酬率）就可能造成顯著影響了。一、兩年的市場低迷不會

有大礙，但十年的糟糕報酬率就可能導致嚴重的財務傷害了，這說明何以退休後頭十年的投資報酬率如此重要。

　　基於這些資訊，以下根據你的出生年，列出你的投資報酬率影響最大的那十年（假設你 65 歲退休的話）：

- 出生於 1960 年 ⇒ 2025 至 2035 年間
- 出生於 1970 年 ⇒ 2035 至 2045 年間
- 出生於 1980 年 ⇒ 2045 至 2055 年間
- 出生於 1990 年 ⇒ 2055 至 2065 年間
- 出生於 2000 年 ⇒ 2065 至 2075 年間

　　我出生於 1989 年，這意味的是，我需要在 2055 至 2065 年間獲得我的最佳投資報酬率（此時，我的大部分錢應該已經投資了）。不過，就算我在這十年間沒能有出色的投資報酬率，我也知道有方法可以減輕運氣對我的財務的影響。

▎身為投資人，如何減輕壞運氣造成的影響？

　　雖然，投資的運氣很重要，你的財務前景操之於己的程度大於你的認知，因為不論市場表現如何，決定存多少錢／投資多少錢、投資於什麼資產，以及投資頻率的人是你。投資並不是只看你的生活中有什麼牌，也取決於你如何打你手上的牌。

　　我雖認知到、也尊重運氣在投資與人生中的重要性，但我並不是拿它沒辦法。你也一樣，不須全被運氣左右，在壞運氣發生之前和之後，你可以做些事來抵消它。

　　舉例而言，若你臨近退休了，擔心會出現長達十年的熊市，以下是

一些可以減輕損失的方法：

- **用足夠的低風險資產（例如債券）來適當分散風險**。邁入退休時持有大部位的債券，或許能提供足夠的收益流，使你不需要在低價格時賣出股票。
- **考慮在市場低迷時提領較少錢**。若你原本計畫一年提領 4%，暫時降低你的提領率，可幫助減輕市場大跌造成的損害。
- **考慮做兼職工作以補充你的收入**。退休的好處之一是，你可以決定把時間拿來做什麼。這意味的是，你可以開始做些新的工作，創造一些收入，使你不需要出售現有的資產。

縱使臨近退休，運用適當的多樣化以分散風險，並對你的收支做出暫時性改變，這些將能在金融市場低迷時期對你產生莫大幫助。

若你是較年輕的投資人，減輕壞運氣造成的影響的最好辦法是時間本身。如第 13 章所言，多數市場在多數時候呈現走揚趨勢，這意味的是，時間是年輕投資人的朋友。

不論你的財務境況如何，永遠都有選項可供你對抗壞運氣來襲。更重要的是，壞運氣並非總是像看起來的那麼糟，有時候，它只是賽局的一部分。因此，下一章的主題是市場波動，以及為何你沒理由害怕它。

第 16 章

為何你不該害怕市場波動？
成功投資的入場費

　　腓特烈・史密斯（Frederick Smith）急得如熱鍋上的螞蟻，他已經把絕大部分財產投入於創建一家名為聯邦快遞（Federal Express，後改名 FedEx）的包裹快速公司，他先前的資金夥伴通用動力公司（General Dynamics）剛剛拒絕再挹注更多資金。

　　這天是星期五，史密斯知道，下週一得支付未來一週的飛機燃料費 24,000 美元，但有個問題：聯邦快遞公司的銀行戶頭裡只有 5,000 美元。

　　史密斯做了他能想到的唯一理性之事：他飛去拉斯維加斯，拿剩下的 5,000 美元去賭二十一點。

　　星期一早上，聯邦快遞的總經理暨營運長羅傑・弗洛克（Roger Frock）檢查公司銀行戶頭，嚇了一跳，立刻去詢問史密斯怎麼回事。

　　史密斯坦承：「和通用動力董事會的會議失敗了，我知道我們週一需要錢，所以我搭飛機去了拉斯維加斯，贏了 27,000 美元。」

　　是的，史密斯把公司最後的 5,000 美元拿去賭二十一點，贏了大錢。

　　弗洛克震驚極了，他問史密斯，怎麼可以這樣拿公司最後的 5,000 美元冒險呢？史密斯回答：「有什麼差別呢？沒有錢挹注公司，我們也

飛不了啊。」[92]

史密斯的故事示範了一則有關於風險和無作為的成本的重要啟示：有時候，最大的風險就是完全不冒險。

這道理特別適用於投資。財經媒體常提到某個避險基金搞砸了，或某個樂透彩贏家破產了，但它們有多常提及某人抱著現金數十年而未能創造財富？幾乎從未。

問題是，那些玩安全牌的人沒看出他們的行為在多年後的後果，但那些後果的傷害可能不亞於冒太多險的後果造成的傷害。

檢視市場波動，以及那些試圖避開波動的人，最能印證這點。因為避開太多的市場下跌坡，可能嚴重限制了你的上漲坡。

所以，若你想要好處——創造與增加財富，你必須接受市場波動和伴隨它而來的週期性下滑，這是長期投資成功的入場費。但是，你應該接受多少的入場費呢？入場費是什麼？

本章用一個簡單的思考實驗來解答這疑問。

入場費

想像有一個市場精靈，它在每年的 12 月 31 日來找你，提供有關於美國股市未來一年情勢的資訊。

可惜，這精靈無法告訴你該買進哪些個股或市場表現如何。但精靈會告訴你，美國股市在未來 12 個月的**最差點**將下滑多少——亦即年內最大跌幅（maximum intreyear drawdown）。

我要問你的是：未來一年，市場要下挫多少，才會使你完全放棄投資股票，改投資債券？

舉例而言，若精靈說，未來一年的某個時點，市場會跌 40%，你會繼續留在股市，或是撤出股市？若是跌 20% 呢？你的上限是多少？

回答這問題之前，我提供你一些資料做為參考。1950 年以後，S&P 500 的平均年內最大跌幅是 13.7%，跌幅中位數是 10.6%。

這意味的是，若你在 1950 年以後的任何一年的 1 月 2 日買了 S&P 500，有半數時候，市場將從年初的水準下跌 10.6%，有半數時候，跌幅小於 10.6%。平均而言，在任何一年的某個時點，市場跌幅為 13.7%。

＜圖表 16-1 ＞顯示 1950 年以後，S&P 500 的一年內最大跌幅。

你可以看到，最糟糕的下跌發生於 2008 年，S&P 500 在那年的 11 月末重挫 48%。

看了這資料，多少的跌幅會使你選擇不入市？

首先，我們假設你對你的錢極其保守，你告訴精靈，任何一年，跌幅達 5% 或更多時，你就不會投資股票，改而投資債券。

我們把這稱為「避開下檔」（Avoid Drawdown）策略：在股票跌幅

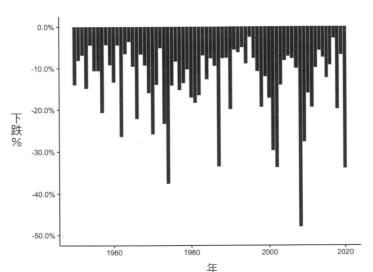

圖表 16-1　S&P 500 在各年的一年內最大跌幅

太大（在此例中指跌幅達 5% 或更多）的那些年，把所有錢投資債券，在其他年把錢移回股市。避開下檔策略是在任何一年完全投資債券，否則就完全投資股票。

若你在 1950 年至 2020 年期間，投資 1 美元於避開下檔策略（亦即避開所有跌幅達 5% 或更多的那些年），你將會付出巨大代價。到了 2018 年，你的財富價值將比你一直擁有股票（「買進並持有」策略）之下的財富價值少了 90%。＜圖表 16-2 ＞呈現這兩者的比較，請注意，縱軸是對數尺度，這樣更能呈現歷經時日的變化。

你的投資績效之所以比買進持有策略差，係因為你太常撤出股市了。事實上，在你的避開下檔策略下，所有年份中將有 90% 是投資於債券（自 1950 年以後，只有七個年份不是投資於債券）。＜圖表 16-3 ＞中的灰色區塊部分就是在你的避開下檔策略下，你投資於債券的時候。＜圖表 16-3 ＞相同於＜圖表 16-2 ＞，我只是加上灰色區塊，凸顯你的

圖表 16-2　買進持有 vs. 避開跌幅大於 5% 時的下檔

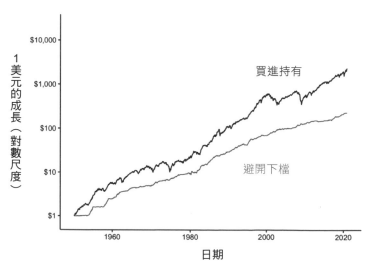

圖表 16-3　避開下檔策略：跌幅大於 5% 時，完全投資債券（灰色區塊）

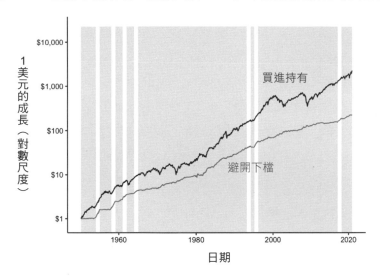

避開下檔策略使你投資持有債券的時候。

從〈圖表 16-3〉可以看到，由於你太常撤出股市，改買債券，你鮮少參與股市的成長。因為完全不冒險，你的最終投資績效嚴重遜色於買進持有策略。

跌幅達 5% 或更多時就避開下檔的策略顯然太保守了，那麼，若改走另一種極端，在跌幅大於 40% 時才撤出股市呢？

若你這麼做，在 1950 年之後，你唯一撤離股市的那年是 2008 年，如〈圖表 16-4〉所示，正是從這點起，你的避開下檔策略的投資績效才開始不同於買入持有策略的投資績效。

雖然，在此例中，避開下檔策略（灰色線）的長期投資績效高於買進持有策略（黑色線），但高出不多。若避開下檔策略更加保守些，勝出的幅度會更大些。

那麼，究竟該有多保守呢？若你想使你的財富最大化，你應該避

圖表 16-4　避開下檔策略：跌幅大於 40% 時，完全投資債券（灰色區塊）

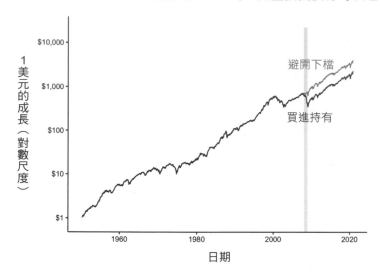

開多大的下檔？

答案是：跌幅達到 15% 或更高。

在市場下跌達 15% 或更多的那些年投資債券，其他年份投資股票，可以使你的長期財富最大化。事實上，在 1950 年至 2020 年期間，若你在市場下跌達 15% 或更多的每一年都投資債券，你的投資績效將比買進持有策略高 10 倍。＜圖表 16-5 ＞比較買進持有策略的長期投資績效和股市跌幅達 15% 或更高時撤離股市的避開下檔策略長期投資績效。

這是避開下檔策略的「金髮女孩原則區」，恰到好處，既不會太冒險，也不會太畏怯。事實上，長期來說，在此策略下，有三分之一時間待在債券市場，避開一年跌幅達 15% 或更高的股市。＜圖表 16-6 ＞中的灰色區塊代表在此策略下，待在債券市場的時間。

把跌幅門檻提高到高於 15%（例如 20% 或 30%），你的長期投資績效將變差，因為這麼一來，當股市更可能虧錢時，你仍待在股市裡頭的

圖表 16-5　買進持有 vs. 避開跌幅大於 15% 時的下檔

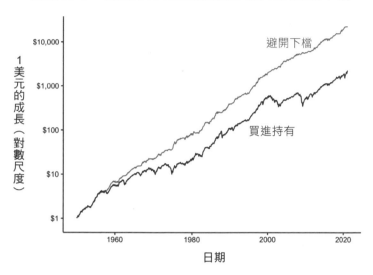

圖表 16-6　避開下檔策略：跌幅大於 15% 時，完全投資債券（灰色區塊）

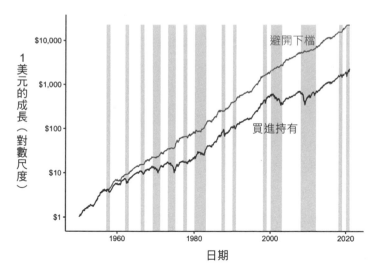

時間增加。

為什麼？

因為較大的 S&P 500 年內跌幅通常會使得年報酬率差，亦即這兩者之間有高度相關性，參見〈圖表 16-7〉。

〈圖表 16-7〉顯示，年內最大跌幅和年報酬率之間呈現負相關，當年內有大幅度下跌時，該年的年報酬率通常不理想。

不過，並不是所有年內下跌都會造成年報酬率差。事實上，自 1950 年以來，年內跌幅 10% 或更低的那些年，全都有正的年報酬率。

▊沒有神奇的精靈

上市分析得出的洞察是：若我們想使長期財富最大化，我們應該接受某種程度的年內市場下跌（0% 至 15%），應該避開大幅的年內市場下

圖表 16-7　年內最大跌幅 vs. 年報酬率，1950 至 2020 年

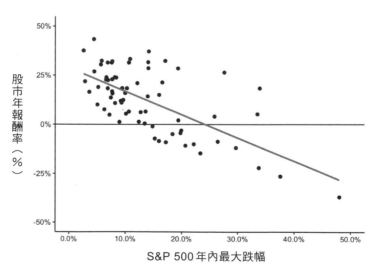

跌（大於 15%）。

這是股票投資人的入場費，因為市場不會提供你一路無顛簸的免費順風車，你得歷經一些下坡路（價格下跌），才能走上上坡路（價格上漲）。如本章的多幅圖表所示，避開其中的一些顛簸可能有益，但我們不可能得知它們何時會發生。很遺憾，這世上沒有神奇的精靈。

那麼，我們該怎麼做呢？

我們有能力去做多樣化，我們可以把擁有的投資資產種類多樣化，可以把擁有它們的時間多樣化。**長期購買**多樣化的生財資產，這是對抗露出醜陋面孔的市場波動的最佳方法之一。

更重要的是，你必須接受，波動只是賽局的一部分，當個投資人，你就得接受市場波動。你可以不接受我的這個理念，但你可以聽聽巴菲特的長期事業夥伴查理・蒙格（Charlie Munger）的智慧之見：

> 若你不願意鎮定地面對一世紀中出現兩、三次市場價格下跌 50%，那你就不適合當個一般的股東，你獲得的平庸成果是你應得的。

跟許多其他傑出的投資人一樣，蒙格願意承受市場波動。你呢？

若你仍然害怕市場波動，那你或許得改變你對於市場崩盤的想法。咱們進入下一章探討這個吧。

第 17 章

如何在危機時期買進？

為什麼你應該在市場恐慌之時保持冷靜

　　我永遠不會忘記我在 2020 年 3 月 22 日早上做的事，那天是星期天，我正在前往曼哈頓區第三十街和第二大道交叉路口的富威超市（Fairway）採購的路上。

　　不到 48 小時前，S&P 500 收盤時跌了 3.4%，離一個月前的高點下滑了 32%。我記得這個，是因為我一直難以說服自己，在新冠疫情導致全球經濟停擺之下，市場如何能復原呢？

　　紐約市禁止餐廳內用，美國職籃 NBA 賽季已經暫停，我的郵件信箱開始收到婚禮取消的通知。我知道其他人也在恐慌，因為我收到愈來愈多親友的憂心簡訊：

　　探底了嗎？

　　我該賣掉我的股票嗎？

　　還會比現在糟多少？

　　坦白說，我也不知道。但我必須知道一個思考這危機的方法，來使自己（以及那些找上我的人）保持理智。

　　我搭乘電扶梯下到商店的中庭時，看到一大片各式各樣在賣的鮮

花。其實，鮮花販售區一直都位於電扶梯下來的旁邊位置，只不過，這個星期天早上，我正好注意到有個人正在整理這些鮮花。

就是在這一刻，我領悟到，一切都會好起來。儘管我的周遭世界亂成一團，但這個人仍然在賣花。

不知怎麼地，那一刻一直盤桓在我腦海裡。是因為它看起來有點突兀嗎？現在這種時局之下，我怎麼會需要鮮花呢？我需要罐頭食物和衛生紙。

但它其實不突兀，它是正常的，是常態。若賣花小販仍然抱持希望，為何我不該抱持希望呢？我從未把這領悟告訴任何人，但在我最需要提振心情時，它提振了我的心情。

接下來，一連串的思考使我得出一個在金融恐慌中投資的新架構。下文，我將介紹這個架構，我希望它將改變你在**未來的**市場崩盤中對於購買資產的思考方式。

我撰寫這章作為一個指南，讓你在金融界看起來最不確定之時能夠回頭參考。當完美風暴來襲時——未來總是免不了遇上這樣的時刻，我希望你重溫這章。若你做對了，那你買本書所付出的錢就值得了，不僅值得，是獲得了很多、很多倍的回報。願投資之神庇佑你的靈魂。

▎為什麼市場崩盤是買進的機會？

據說，十八世紀銀行家巴隆‧羅斯柴爾德（Baron Rothschild）曾說過：「當市場血流成河時，就是買進的時機。」滑鐵盧戰役後的恐慌中，羅斯柴爾德憑藉這座右銘，賺了一小筆財富。那麼，這句話有多真確呢？

我在第 14 章使出渾身解數說服你，抱著現金，冀望在市場修正時（亦即市場血流成河時）買進，是不智之舉，因為這種事件很少見，這

使得抱著現金在多數時候對多數投資人而言是賺不到錢的。

但是，資料顯示，在市場修正期間，若你有可投資現金，這可能是你能獲得的最佳投資機會之一。

理由很簡單：**假設市場終究會復原的話**，市場崩盤時投資的每一塊錢將比市場崩盤前幾個月投資的每一塊錢成長得遠遠更多。

為證明這點，我們想像你決定在 1929 年 9 月至 1936 年 11 月期間每月投資 100 美元於美國股市，這段期間發生了 1929 年市場崩盤，以及隨後而來的復原。

若你採行這種策略，＜圖表 17-1 ＞顯示，每月的 100 美元投資，到了美國股市於 1936 年 11 月復原時，將已經成長至多少（包含股利，經過通膨調整）。

如＜圖表 17-1 ＞所示，你在愈接近 1932 年夏天時出現的底部買進，

圖表 17-1　每月投資 100 美元於美國股市的最終成長，1929 年 9 月至 1936 年 11 月

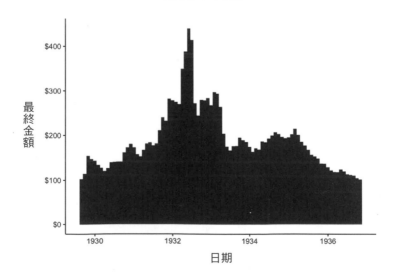

購買的長期績效愈好。在這探底期投資的每 100 美元，到了 1936 年 11月將成長至 440 美元，大約是 1930 年時投資的 100 美元（到了 1936 年時成長至 150 美元）的三倍。

多數的市場崩盤不會提供這種三倍機會，但許多市場崩盤提供 50%至 100% 的成長。

這成長來自哪裡？

它來自一個簡單的數學事實：每一個百分點的虧損將需要更高百分點的獲利來補回。

虧損 10%，需要 11.11% 的獲利來補回；虧損 20%，需要 25% 的獲利來補回；虧損 50%，需要 100%（翻倍）的獲利來補回。你可以在＜圖表 17-2 ＞中更清楚看出這種指數關係。

2020 年 3 月 22 日，當我領悟到這世界終將熬過新冠疫情時，S&P

圖表 17-2　為完全彌補虧損百分比，需要多少的獲利百分比

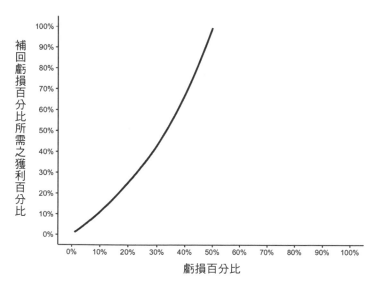

500 下跌了約 33%。從＜圖表 17-2 ＞可以得知，市場需要上漲 50%，才能完全彌補這損失。假設未來的某個時點，市場將復原至其先前水準的話，2020 年 3 月 23 日（下一個交易日）投資的每 1 美元，最終將成長為 1.50 美元。

所幸，市場真的復原，而且是在創歷史記錄的短時間復原。不到六個月，S&P 500 再度創下歷史新高，在 3 月 23 日買進的人半年內就獲利 50%。

不過，就算花了多年時間來復原至先前水準，在 2020 年 3 月 23 日買進仍然是個好決策。為此，你只需要改變你對於漲勢的思考方式。

▍改變對於漲勢的思考方式

在 2020 年 3 月 23 日買進的好處很明顯，但許多投資人害怕這麼做，問題出在他們的思考方式。

舉例而言，若我在 2020 年 3 月 22 日問你：「你認為要花多久的時間，市場才能補回它的 33% 虧損？」你會如何回答？

需要花一個月的時間，才能見到新的歷史新高？抑或一年？十年？

我們可以根據你的回答，算出你對未來市場的預期年報酬率。

怎麼算呢？

我們知道，33% 的虧損需要 50% 的獲利才能補回，因此，一旦知道你預期多久才能補回虧損，我就能把 50% 的上漲率轉換成一個年上漲率。計算公式如下：

預期年報酬率＝（1 ＋補回虧損所需之獲利 %）^（1 / 補回虧損需要花的年數）－ 1

我們知道「補回虧損所需之獲利％」是 50％，把這數字代入公式後，簡化此公式：

預期年報酬率＝（1.5）^（1 / 補回虧損需要花的年數）－ 1

因此，若你認為市場完全復原而補回虧損將花：

- 一年，那麼，你預期的市場年報酬率為 50％
- 二年，那麼，你預期的市場年報酬率為 22％
- 三年，那麼，你預期的市場年報酬率為 14％
- 四年，那麼，你預期的市場年報酬率為 11％
- 五年，那麼，你預期的市場年報酬率為 8％

當時，我認為市場將需要花一到兩年才能復原，這意味的是，我在 2020 年 3 月 23 日投資的每 1 美元，在那兩年期間可能平均一年成長 22％（或更高）。

更重要的是，縱使是那些預期市場復原得花五年的人，若他們在 2020 年 3 月 23 日買進，也會獲得 8％ 的年報酬率，這 8％ 的報酬率非常相近於美國股市的長期年均報酬率。

所以，在這危機時期買進，根本是不花腦筋就能明白的道理。就算是市場花上五年才復原的情境，你仍然能在等待的同時賺得 8％ 的年均報酬率。

這個邏輯也可被用於任何未來的市場危機。任何時候，市場下挫至少 30％ 時，若你買進的話，你未來的年均報酬率通常會相當不錯。

若你在 1920 年至 2020 年期間任何一個美國股市下跌 30％（或更多）的月份買進，你的年均報酬率分布情形如＜圖表 17-3 ＞。這些報酬率的

圖表 17-3　市場下跌 30%（或更高）時買進的年均報酬率

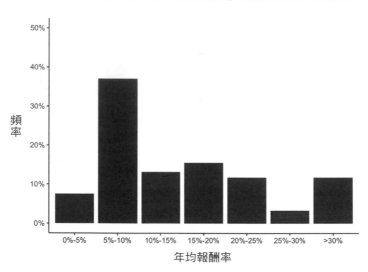

計算期間是從股市首見下跌 30%（或更高）時，直到下次出現歷史新高時。

　　＜圖表 17-3 ＞隱含的意思是，若你在市場下跌至少 30% 時買進，直到下次出現歷史新高的這段復原期間，你的年均報酬率介於 0% 至 5%（包含股利，經過通膨調整）的可能性不到 10%。事實上，有過半數的時候，你在復原期的年均報酬率將大於 10%。把年均報酬率 0% 至 5% 和 5% 至 10% 的頻率加起來，總計不到 50%。

　　若我們只看 1920 年至 2020 年美國股市下跌 50%（或更多）的那些期間，你的未來報酬率將更誘人。

　　如＜圖表 17-4 ＞所示，當美國股市重挫 50% 時，直到下次出現歷史新高的這段期間，年均報酬率通常超過 25%。這意味的是，當你看到市場下跌了 50%（或更高）時，就是低檔補貨的大好時機，你能投資多少就投資多少。

圖表 17-4　市場下跌 50%（或更高）時買進的年均報酬率

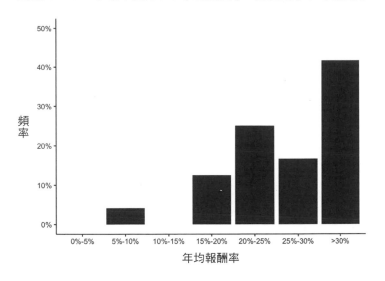

當然啦，你可能沒有很多的可投資現金來善加利用這些鮮少發生的市場動盪，因為在這種時候，通常伴隨更廣泛的經濟不確定性。不過，若你有現金可以投資的話，歷史資料顯示，利用這機會買進是明智之舉。

那些不快速復原的市場呢？

本章的分析假設股市在幾年至十年間就從大崩盤復原，雖然，多數時候，這假設成立，但也有值得注意的例外。

例如，到了三十年後的 2020 年年底，日本股市仍然低於它在 1989 年 12 月創下的歷史新高點，如〈圖表 17-5〉所示。

我每次討論長期投資的重要性時，日本都是一個重要的反例。但也有其他反例，例如，2020 年年底，俄羅斯股市重挫 50%，希臘股市相較於 2008 年時的高點，下跌了 98%。這些市場會復原嗎？我不知道。

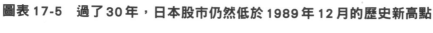

圖表 17-5　過了 30 年，日本股市仍然低於 1989 年 12 月的歷史新高點

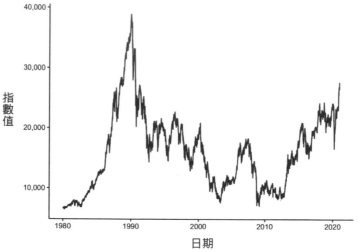

不過，我們不該讓例外改寫法則，那就是大多數股市在大多數時候呈現上揚趨勢。

固然，在更長時期，偶爾會出現糟糕期，就連美國股市也有 2000 年至 2010 年這段失落的十年。

但是，在多個十年的時間軸下，一個股市虧錢的可能性有多大呢？

分析 39 個已開發國家的股市自 1841 年至 2019 年的報酬率後，研究人員估計，三十年投資期報酬率輸給通膨率的可能性為 12%。[93]

這意味的是，一個投資人在一特定股市投資三十年，其購買力將降低的可能性大約是 1/8。日本股市就是這其中的一例。

有人可能覺得這很嚇人，但這研究結果使我對全球股市的**信心增加**，而非降低，因為它隱含的是，一股市使投資人長期的購買力提高的可能性是 7/8，我喜歡這樣的可能性水準。

但更重要的是，這些研究人員的估計是基於對股市的單一一筆投

資，而非定期購買。例如，若你在 1989 年日本股市的峰期投資你的**所有現金**，這筆投資在三十年後的購買力將降低。但是，散戶投資人有多常做出這種僅投資一次股市的大額財務決策呢？幾乎沒有。

多數人會長期多次購買生財資產，而非僅僅一次。若你採行這種定期購買，而非採行單一一次投資，那麼，在多個十年的時間軸下虧錢的可能性更低。

舉例而言，若你在 1980 年至 2020 年年底這段期間的每個交易日投資 1 美元於日本股市，你的投資資產仍然會在這四十年期間為你賺得些許的正報酬率。

如 <圖表 17-6 >所示，這四個十年期間當中，有一些讓你的投資資產價值超過你的成本基礎（亦即你的投資本金），一些十年期間則否。

市值（黑色曲線）高於成本基礎（灰色直線），代表你的投資賺得正報酬率；市值低於成本基礎，代表你的投資賺得負報酬率。你可以看

圖表 17-6　每天投資 1 美元於日本股市的投資資產價值 vs. 成本基礎

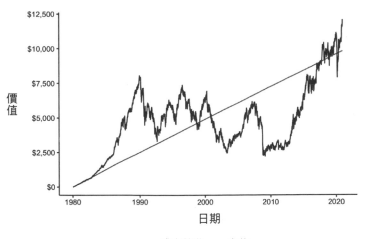

到，到了 2020 年年底，這四十年期的總報酬率是些許的正報酬率，雖不是優異成果，但考慮到日本股市有過去三十年間史上最糟的股市表現之一，這仍然算不錯了。

日本股市例示，雖然，在一些股市，你可能在數十年期間虧錢，但若你跟多數投資人一樣，歷經時日地分批投資，虧錢的可能性就明顯降低。

儘管如此，在一次危機期間，仍然會有一些人以日本和其他例子作為藉口，抱著現金，直到塵埃落定。不過，等到塵埃落定之時，市場通常已經走上漲勢了。

那些太害怕而不敢進場的人，最終將落於人後。我在 2020 年 3 月親眼目睹這種情形，我很確定未來將再看到這種情形。

但若你仍然太害怕而不敢在危機時期買進，我也不會怪你。畢竟，在整個歷史中，很容易找到事後看來這樣做很傻的例子。但是，我們不能根據例外或是**可能**發生的情形來做出投資決策，因為這麼一來，我們就永遠不會投資了。

誠如哲學家尼采（Friedrich Neitzsche）所言：「忽視過去，你將喪失一隻眼睛；活在過去，你將喪失兩隻眼睛。」

知道歷史，這當然重要，但執著於歷史，可能導致我們迷路。所以，我們必須根據資料告訴我們的來投資，著名財金教授傑洛米·席格爾給出了最精闢的結論：

> 相較於歷史證據的刻骨銘心，恐懼心理對人們行為的影響更大。

　　這是我最喜歡的投資名言，也是唯一夠適合作為本章結語的投資名言。我只能希望，下次遇上市場血流成河時，這句話能提供你心理上的堅毅，繼續買進。

　　討論完如何在最黑暗時期買進資產，接下來探討一個更困難的疑問：你應該在何時賣出？

第 18 章

你應該在何時賣出？

關於再平衡、集中部位，以及投資的目的

雖然，我們的投資理念是「持續買進」，你的投資旅程仍將無可避免地來到必須賣出的時點。不幸的是，選擇何時賣出，可能是身為投資人的你最難的決策之一。

為什麼？

因為賣出時，你必須對抗投資領域中最強烈的兩種行為偏誤——害怕錯過漲勢，以及害怕在跌勢中虧錢。這種情緒作祟可能使你質疑你所做出的每一個投資決策。

為避免這種心理焦慮，你應該**事前**訂定你將賣出的情況，而不是在你想要賣出時，讓情緒狀態左右你。這將讓你根據一個預定的計畫，按照你自己的意願來出售你的投資。

在列出及思考我自己的理由後，我只能找到以下三種你應該考慮賣出投資資產的情況：

1. 再平衡投資資產組合。
2. 擺脫一個集中（或持續虧損）部位。

3. 支應你的財務需求。

若你不是為了再平衡你的投資資產組合，或是擺脫一個集中（或持續虧損）部位，或是支應你的財務需求，那我就看不出有什麼理由要賣掉。

我這麼說是因為，賣出投資資產可能產生稅務後果，這是我們應該盡可能避免的。不過，在探討這個以及上述三種情況之前，我們先討論你應該在**何時**賣出投資資產的整體策略。

▍馬上賣，或是漸進賣？

我們在第 13 章探討了何以通常來講，現在就買勝過漸進地平均投資。理由很簡單：由於多數市場在多數時候呈現走揚**趨勢**，等待日後購買的話，通常意味著錯過漲勢。

在出售投資資產方面，我們可以使用相同的邏輯，但得出相反的結論。由於長期而言，市場傾向揚升，是以，愈晚賣愈好。因此，漸進賣（或愈晚賣出）通常勝過馬上賣。

當然，有些情況是現在賣對你比較好，但若你可以有所選擇的話，盡可能愈晚賣，或是漸漸出清你的部位，通常能讓你賺更多錢。

換言之，**買進要快，賣出則慢**。

我提出這點，是因為它能幫助指引你未來所有關於投資買賣時機的決策。不幸的是，縱使有這準則，再平衡投資資產組合的時機仍然難以掌握。

如前所述，再平衡投資資產組合是可以考慮賣出投資資產的三種情況之一。

▍再平衡投資資產組合有何好處？

「完美地平衡，世事都該如此。」這是漫威電影宇宙（Marvel Cinematic Universe）中的大惡棍薩諾斯（Thanos）的名言，但它在投資資產組合管理方面也有一些實用性。

我們在第 11 章討論你應該投資的資產，但未討論到這資產組合將如何隨著時間而改變。在投資界，這個問題的解答是**再平衡**。

剛開始建立你的投資資產組合時，應該根據你的目標配置——你認為將能達成你的財務目標的資產組合。例如，你的目標配置可能是 60% 的美國股票和 40% 的美國債券；若你投資 1,000 美元，這意味的是，600 美元投資美國股票，400 美元投資美國債券。

但是，若完全不做再平衡，你的投資資產組合將偏離其目標配置，被報酬最高的資產種類主宰。例如，若你做出單一一筆投資，建立 60% 美國股票／40% 美國債券的資產組合，然後在三十年間從未再平衡，到了期末，它將變成絕大部分是股票。

如＜圖表 18-1 ＞所示，在 1930 年至 1960 年的三十年期間，單一一筆投資於 60% 美國股票／40% 美國債券的資產組合，然後從未再平衡的話，三十年後將變成持有 90% 的股票。

不僅 1930 年代的投資呈現這種情形，若我們把這分析延伸至 1926 年至 2020 年間的每一個三十年投資期，也會看到相似的結果。＜圖表 18-2 ＞顯示在兩種不同的再平衡策略下（一種策略是每年再平衡，另一種策略是從不再平衡），60% 美國股票／40% 美國債券的資產組合，投資三十年後，最終股票所佔的比例。

你可以看到，每年再平衡策略在任何一個三十年投資期結束時，大致維持投資資產組合中有 60% 左右的股票。這是有道理的，因為這策略每年都把投資資產組合中的股票比例再平衡回 60%。

圖表 18-1　60％股票／40％債券的資產組合，30 年間從未再平衡

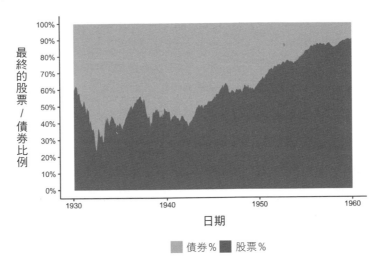

圖表 18-2　60％股票／40％債券的資產組合在 30 年後，股票佔的比例

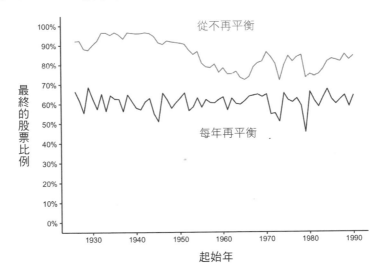

　　反觀從不再平衡策略，三十年投資期結束時，投資資產組合中有
75% 至 95% 的股票。會發生這種情形，是因為就較長期來說，美國股票
的表現通常優於美國債券，因此，投資資產組合中的股票佔比增加。

　　我們可以從這個簡單事實得出一個推論：從不再平衡策略的投資績
效通常贏過每年再平衡策略的投資績效。為什麼？因為近乎每一次再平
衡時，你通常都會賣掉成長率較高的資產（股票），買進成長率較低的
資產（債券），這種過程本質上就是減損你的長期總報酬率。

　　藉由比較分別以每年再平衡策略和從不再平衡策略投資 100 美元，
歷經三十年後的價值成長，就能更清楚看出這點，參見＜圖表 18-3 ＞。

　　＜圖表 18-3 ＞顯示，對你的投資資產組合中成長率較高的資產和成
長率較低的資產進行再平衡，絕大多數時候會造成總報酬較低，唯一的
重大例外是 1980 年至 2010 年這個三十年投資期，因為在最後的那十年

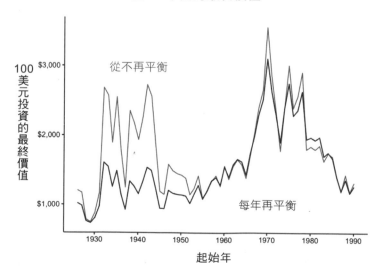

**圖表 18-3　投資100美元於60%股票／40%債券的資產組合
在30年後的最終價值**

（亦即 2000 年至 2010 年），美國債券表現得很好，而美國股票重挫。

　　既然再平衡通常不會增進報酬，為何人們仍然這麼做？

　　為了降低風險。

　　對投資資產組合進行再平衡，都是為了控管風險。若你的目標配置是 60% 美國股票 / 40% 美國債券的投資資產組合，但完全不做再平衡，幾十年後，你可能移向 75% 美國股票 / 25% 美國債券的投資資產組合，甚至 95% 美國股票 / 5% 美國債券的投資資產組合。這麼一來，你的投資資產組合的風險度即遠大於你原本願意承擔的風險度。

　　檢視再平衡策略和從不再平衡策略的三十年投資期投資資產組合價值最大跌幅，就能看出這點。最大跌幅是指投資資產組合價值在一期間下滑至最低的那一點；若你投資了 100 美元，在最糟糕的點，你的投資資產價值下跌至 30 美元，那麼，最大跌幅就是 70%。

　　如＜圖表 18-4 ＞所示，在大多數的三十年投資期，從不再平衡策略導致的投資資產組合價值最大跌幅遠高於每年再平衡策略下的最大跌幅。

　　舉例而言，若你在 1960 年投資 100 美元於 60% 美國股票 / 40% 美國債券，在接下來三十年間從不再平衡，最糟糕時，你的投資資產組合價值將比其價值最高點時下跌約 30%。這是那三十年間的最大跌幅，這是＜圖表 18-4 ＞中起始年為 1960 年的灰色線上那一點。

　　但是，若你每年對你的投資資產組合進行再平衡，使其回到目標配置，你的投資資產組合價值在這段三十年期間的最大跌幅只有 25%，這是＜圖表 18-4 ＞中起始年為 1960 年的黑色線上那一點。

　　從這兩條對比曲線可以看出，大多數時候，再平衡藉由把錢從波動率較高的資產（股票）轉向波動率較低的資產（債券），降低風險。但是，在很長的股市低迷時期（例如 1930 年代和 1970 年代初期），情況可能正好相反，再平衡反而提高波動率，因為你賣掉債券、買進股票，

圖表 18-4　60% 股票／40% 債券的投資資產組合價值在各個三十年投資
期的最大跌幅

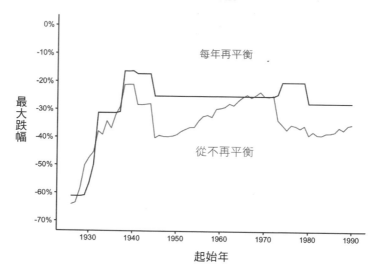

但股市持續下跌。

　　雖然，這種情況很少見，但也例示了定期再平衡並不是一個風險管理的完美解決方案。話雖如此，我仍然建議多數散戶投資人定期做再平衡，但困難部分在於找出**適當的**頻率。

▍你應該多久做一次再平衡？

　　我很想對這個問題提供一個確定的答案，可惜，沒人知道答案。我檢視過從一個月一次到一年一次的多種再平衡頻率，但未能找到一個明確的勝出者，很遺憾，沒有任何一個再平衡頻率能一直贏過所有其他頻率。

　　先鋒集團（The Vanguard Group）的研究員在分析了 50%／50% 的全球股票／債券投資資產組合的最適再平衡頻率後，也得出相似結論。他

們的研究報告指出：「一投資資產組合不論是每月、每季或每年進行再平衡，經風險調整後的報酬率都沒有明顯差異；但是，再平衡的頻率愈高，再平衡行動的次數和成本明顯增加。」[94]（譯註：這份研究報告定義再平衡成本包括稅負、交易成本，以及投入的時間與勞力。）

雖然，他們的分析檢視的是風險特徵**不同的**資產之間的再平衡（例如股票與債券），這邏輯也適用於風險特徵相似的資產之間的再平衡。例如，著名的理財與投資作家威廉・伯恩斯坦檢視全球股票的配對再平衡頻率後，得出結論：「沒有任何一種再平衡頻率比較好。」[95]

所有這些分析的結論含義相同：何時做再平衡，不重要，只要定期做就行了。因此，基於以下兩個理由，我建議**每年**做一次：

1. 花較少時間。
2. 可以和我們的年度繳稅季配合。

基於不同原因，這兩個理由都重要。

首先，每年花較少時間去監看你的投資，讓你有更多時間去做喜歡的事。正因此，我並不推崇根據容忍區來做再平衡（rebalancing based on tolerance bands），這種再平衡方法指的是，當你的投資資產組合的配置偏離你的目標配置太遠時，就進行再平衡。

例如，若你的目標配置是 60% 的股票，容忍區為 10%，那麼，每當股票配置超過 70% 或低於 50% 時，就進行再平衡。這種再平衡方法不錯，但比起定期再平衡，需要你做更多的監看工作。

其次，每年做一次再平衡的話，你可以在做出其他與稅務有關的財務決策後，執行再平衡的工作。舉例而言，若你賣了一筆必須繳資本利得稅的投資資產，你可能會發現，同時對你的整個投資資產組合進行再平衡，可以免去再多花時間與工夫。

不論你決定採行怎樣的再平衡頻率，務必避免不必要的稅負，因此，我不建議頻繁地再平衡你的應稅帳戶（亦即證券帳戶），因為每一次這麼做，都必須繳稅。

若能夠再平衡而不需繳稅呢？是否有比出售投資資產更好的再平衡方法？

更好的再平衡方法

雖然，出售投資資產以再平衡也滿好的，但有一種方法可以再平衡你的投資資產組合，且完全不需要繳稅，那就是：持續買進。是的，你可以靠著買進來再平衡你的投資資產組合，我稱此為**累積再平衡**（accumulation rebalance），因為你藉由買進你歷經時日後比例不足的資產類別來再平衡。

舉例而言，若你目前的投資資產組合配置比是 70% 股票和 30% 債券，但你的目標配置是 60% 股票與 40% 債券，你可以不需要賣掉 10% 股票，增加 10% 債券，而是**繼續購買債券**，直到配置比重回 60% / 40%。

不過，這方法只適合那些目前仍然在投資旅程中累積階段的人，一旦你無法再存錢，就必須靠出售方式來做再平衡。

我喜歡累積再平衡策略，是因為在市場崩盤期間，這種策略可以減輕你的投資資產組合價值的跌幅。藉由長期漸進增加投資，你可以持續抵消你的投資資產組合產生的損失。以我們的 60% 股票 / 40% 債券組合的模擬為例，若你在三十年投資期間持續增加投資，在大多數的三十年投資期，你的投資資產組合價值的最大跌幅將遠小於每年再平衡、但不增加投資本金下的跌幅。

如＜圖表 18-5 ＞所示，以每個月增加投資的方式來再平衡，有時

可以使你的資產價值最大跌幅減少達一半。＜圖表 18-5 ＞相似於＜圖表 18-4 ＞，顯示你的投資資產組合在各個三十年投資期的最大跌幅，但這次比較的是從不增加投資下的投資資產組合，以及使用累積再平衡策略、每個月增加投資下的情形。

　　＜圖表 18-5 ＞中的兩條曲線都是每年再平衡的模擬，但一個是不增加投資，另一個是每月增加投資，你可以看到，在每月增加投資下，你的投資資產組合價值的最大跌幅較小。

　　累積再平衡策略的唯一差別是，隨著你的投資資產組合規模增大，將變得愈難做到完全再平衡。當投資資產組合規模還小時，易於靠著增加投資來再平衡；當投資資產組合規模增大後，你可能沒有足夠的現金來做到完全再平衡。後者的情況下，從風險角度而言，出售你的應稅帳戶裡的資產就有道理了，但別做得太頻繁就是了。

圖表 18-5　每年再平衡下，60% 股票／40% 債券的投資資產組合價值在各個三十年投資期的最大跌幅

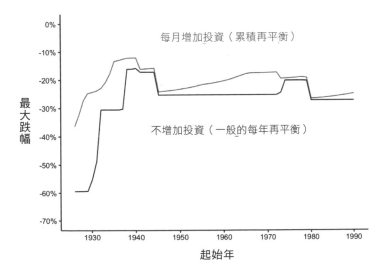

　　討論完為了再平衡而需要出售投資資產的情況，接下來討論為了擺脫一個集中（或持續虧損）部位而出售投資資產的情況。

▌擺脫一個集中（或持續虧損）部位

　　我在第 12 章提過，我不太喜歡集中持有個股部位。不過，有時候，生活裡沒得選擇，例如，若你任職（或創立）一家公司，該公司配發股票作為部分薪資，你可能有一天會發現，你的財富中有一顯著比例是單一證券。

　　在這種情況下，首先恭喜你的收穫！但是，你日後可能會想出售這部位的至少一**部分**，你該出售多少呢？這視你的目的而定。

　　舉例而言，若你有房貸，以及大比例的某證券集中部位，把這證券部位出售到足以清償你的房貸，或許是有道理的。從報酬的角度來看，這可能不是最佳選擇，因為你這集中部位資產未來的增值速度可能快過你的房子。但從風險角度來看就合理許多，畢竟，你這集中部位資產的未來報酬只是一種可能性，但你未來的房貸還款卻是確定的，有時候，為了確定性而捨棄可能性，更好。

　　你該怎麼做這個？

　　找一個出售的做法，然後堅持做下去。不論是每月（或每季）出售這部位的 10%，出售這部位的一半，留下一半，或是馬上出售這部位的大部分，找個能讓你晚上安睡的做法。你也可以根據價格水準來出售，只要是**事先決定**好就行了。用事先決定的規則來出售，能幫助消除你在出售過程中的情緒。

　　不論你決定怎麼做，別一舉賣掉全部。為什麼？因為有稅務後果，以及萬一價格飆漲而心生懊悔的可能性。若你一舉賣掉全部後，價格飆漲十倍，你的糟糕感覺將更甚於你出售了 95%、留下 5% 的價格跌到零

時的感受。在決定該出售多少時，你應該使用這種減輕懊悔的做法。

　　不過，我必須提醒你，你的集中部位的表現**可能**比大盤差。檢視自1963 年以來的美國個股表現，包含股利的一年期報酬率中位數是 6.6%，這意味的是，你在 1963 年後的任何一個時點隨機購買一檔個股，接下來一年，你的報酬率大約是 6.6%。但若你購買的是 S&P 500 指數，你的報酬率是 9.9%。

　　這顯示，持有一集中部位的真正風險是報酬率低於大盤。有些人接受這風險，其他人則否。所以，你應該先決定你願意接受集中部位帶來的風險水準是多少，再據以做出你的出售決策。

　　除了出售集中部位，在你的投資生涯的某個時候，你可能也需要出售持續虧損部位。可能是你對於某種類別的資產的信念改變了，可能是某個集中部位的價值持續下滑，不論如何，有時候，你就是得出脫。

　　我有這樣的經歷，對黃金做了一些分析後，我認知到不該長期持有它。基本分析使我對這項資產類別的信念改變了（不是情緒造成的改變），我出售了投資資產組合中的黃金部位，儘管我持有的黃金類資產的價值增加，亦即這部位並未虧錢，但我相信它最終會虧損，因此我賣掉了。

　　部位持續虧損的情形很少見，尤其是更長的投資期，因此，這不該是常發生的事。此外，別把一段期間的表現不佳和持續虧損混為一談，每種資產都會歷經表現不佳的期間，你不該以這些期間作為出售的藉口。

　　舉例而言，美國股市在 2010 年至 2019 年期間的總報酬率為 257%，新興市場股市在這段期間的總報酬率為 41%；但 2000 年至 2009 年期間，新興市場股市的總報酬率為 84%，美國股市的總報酬率不到 3%！某些期間的表現不佳是無可避免的，這不是出售的好理由。

　　討論完為了擺脫一個集中（或持續虧損）部位而出售的情況，還有

另一個你可能必須賣出投資資產的理由。

投資的目的

最後一個你應該考慮賣出投資資產的理由是最明顯的：過你想要的生活。這可能指的是支應你退休後的生活方式，或是支應一筆大額購買，不論是為了支應什麼需求，出售投資資產是籌錢的一條途徑，畢竟，若沒有機會享受投資的成果，幹麼要投資？

對於財富中有大部分是一個大集中部位的人來說，更是如此。這個人已經贏了比賽，但還不想停止比賽，為什麼要冒此風險？為何不取出一些錢，把你的財富多樣化，為你的生活建立一個起碼的最低標準？

你可以出售投資資產，為你及心愛的人建立一個安全網，為孩子設立教育基金帳戶，清償你的房貸，甚至可以買輛你夢想的車子。不管你想用你的錢做什麼，做就是了。

先把錢用於你需要的生活，再考慮為了你想要的生活而冒險投資。

我如此建議，是因為人類心理學顯示這是明智之舉。如同第 3 章中提到的，每增加的一單位消費，提供的快樂程度低於前一單位，這邊際效用遞減定律也適用於財富。

財富從零增加到 100 萬提供的快樂感，遠大於財富從 100 萬增加到 200 萬提供的快樂感。雖然，財富增額的絕對值相同，但相對來說，從零增加到 100 萬令人體驗到的變化遠遠更大。這種財富與快樂之間的遞減關係應該說服你：有時候，出售投資資產是沒問題的。

探討完你應該在何時賣出你的投資資產，接下來探討你的投資資產應該放在何處。

第 19 章

你的投資資產應該放在何處？

關於稅，傳統 401(k) vs. Roth 401(k)，以及為何你或許不該把你的 401(k) 最大化

「等一下……其他的錢呢？」我震驚地說。我手上拿著我這輩子的第一張薪資單，茫然地看著上面的數字，我很確定這數字不對。我媽站在旁邊，把頭伸過來瞧了瞧，開始笑了起來。

但我媽這笑不是尋常的笑，而是帶著一種智慧感的笑，她從很久以前就懂得我即將學到的一個東西。

「稅，親愛的，稅，」她笑著說。

我猜，你第一次領到薪水，也有相似的體驗，困惑之後是失望，「等一下……其他的錢呢？」是普遍的反應。

截至目前為止，我們未談到稅務可能如何影響你的投資決策，本章將檢視一些最重要的投資稅務相關疑問，包括：

• 應該採用 Roth 401(k)（稅後）退休帳戶，抑或傳統（稅前）退休帳戶？

- 應該把我的 401(k) 最大化嗎？
- 該如何安排我的投資資產歸屬帳戶？

這些疑問的解答可以概略指引你該把你的投資資產放在何處。雖然，本章討論的帳戶類別聚焦於美國的情形〔401(k)、個人退休帳戶（individual retirement account，簡稱 IRA）等等〕，但**基本原則**適用於任何地方的投資相關稅務。

▌稅務的多變性質

富蘭克林（Benjamin Franklin）曾說：「生命中只有兩件事是確定的──死亡與稅。」遺憾的是，富蘭克林的這句名言只說對了一半，研究一下美國的所得稅史，你就會明白為什麼了。

雖然，美國所得稅的現代演進始於 1900 年代初期，但美國所得稅有遠遠更複雜的歷史。美國首度提案課徵所得稅是在美英戰爭（War of 1812）期間，但從未完成立法。

美國所得稅第二次出現是在《1862 年稅收法案》（*Revenue Act of 1862*），作為美國內戰時期的一項紓困措施。這法案被通過，但內戰結束幾年後的 1872 年被廢止。二十年後，美國國會通過《1894 年稅收法案》（*Revenue Act of 1894*），課徵承平時期的所得稅，但一年後，在「波洛克訴農民貸款與信託公司案」（Pollock v. Farmer's Loan & Trust Co.）中，美國聯邦最高法院判決這所得稅違憲。

儘管遭遇這些挫折，美國興情仍然持續支持課徵所得稅。1909 年，國會通過美國憲法第十六條修正案，並於 1913 年獲得足夠數量州的批准，推翻波洛克一案的判決，正式賦予國會：「有權對任何來源的收入徵收所得稅。」

在通過美國憲法第十六條修正案之前，美國國會只能合法取得來自關稅以及特定項目貨物稅（例如酒或菸草）的稅收，但美國憲法第十六條修正案通過後，國會也可以向個人所得課稅了，現代版的美國所得稅於焉誕生。

但是，當時的所得稅跟現今的所得稅可是差了十萬八千里，不僅稅率低（1913 年時只有 1%），免稅額高到只有 2% 的美國家計單位需要課徵所得稅。[96] 瞧瞧，今非昔比啊。

這裡講述美國所得稅史，是想例示美國稅務政策的**多變性質**。在稅務政策的這種持續演變性質下，想寫投資稅務方面的東西相當困難；隨著未來稅法的改變，在那些新稅法之下的最適決策也將改變。

所以，我建議找稅務顧問提供專業協助。為什麼？因為說到稅，個人境況影響很大，你的年齡、家庭結構、居住州等等，都會影響你的投資相關稅務決策。很遺憾的是，在稅務方面，沒有一體適用的解決方案。

儘管如此，下文的討論應該可以提供一個思考稅務的有用架構。

我們首先來看一個老問題：我應該採用 Roth 退休帳戶，抑或傳統退休帳戶？

▌Roth 401(k)，抑或傳統 401(k)？

個人理財領域，最常提出的疑問之一是，應該透過你的雇主，選擇 401(k) 退休儲蓄計畫，還是 Roth 401(k) 退休儲蓄計畫？ 401(k) 又稱為**傳統** 401(k)，撥入退休帳戶的是稅前所得，Roth 401(k) 撥入退休帳戶的是稅後所得，它們的唯一差別是你決定**何時繳稅**。

下文簡單說明這兩者的運作方式，但在此之前，我應該提醒你，雖然，我討論的是傳統 401(k) 和 Roth 401(k) 的比較，同理也大致適用於

403(b)s 和個人退休帳戶（IRAs）。

- **傳統 401(k)：**凱特賺 100 美元，她把這 100 美元直接提撥至她的傳統 401(k) 退休帳戶，沒有繳納任何所得稅。假設這 100 美元在接下來三十年成長為三倍，達到 300 美元，退休時，凱特提領這 300 美元，但必須繳納 30% 的所得稅。最終，她能夠在退休後花用的稅後額是 210 美元（亦即 300 美元的 70%）。（編按：台灣的勞退新制規定與美國傳統 401(k) 類似，雇主為勞工按月提繳不低於薪資 6% 的退休金，勞工可自選提繳 1% 至 6%，不計入該年度所得稅，而是於退休後領取時繳納所得稅。）

- **Roth 401(k)：**凱文賺 100 美元，現在繳納 30% 的所得稅稅率，稅後所得是 70 美元，他把這 70 美元直接提撥至他的 Roth 401(k) 退休帳戶，接下來三十年，這 70 美元成長為三倍，達到 210 美元。退休時，凱文可以花用全部的 210 美元，不需再繳所得稅了。

凱特和凱文最終都有 210 美元可以花用，因為他們提撥的金額相同，投資成長率相同，繳納的**有效**稅率（effective tax rate）相同。數學上，這是合理的，因為幾個數字相乘起來，數字順序不影響乘積。

$3 \times 2 \times 1 = 1 \times 2 \times 3$

或者，在凱特和凱文的例子中，

$(100 \times 3) \times 70\% = (100 \times 70\%) \times 3$

他們兩人的唯一差別是他們繳納所得稅的時間，凱特在終點繳稅，凱文在起點繳稅。因此，若你工作年間的所得稅有效稅率和退休時的所得稅有效稅率相同，選擇傳統 401(k) 或 Roth 401(k)，沒什麼不同。

請注意，我說「**有效稅率**」是簡化起見，真實世界裡，真正重要的是邊際稅率（marginal tax rate）。舉例而言，若凱特在 2020 年時的應稅所得大於 9,875 美元，那麼，前 9,875 美元的所得只需繳 10% 的所得稅，高於 9,875 美元的部分，稅率大於 10%，分級距課徵不同稅率。本章後文提到稅率時，除非有特別註明者，你都可以假設指的是有效稅率（所有所得水準的平均稅率）。

重申一次，若你的**有效**稅率歷時而不變，那麼，選擇傳統 401(k) 或 Roth 401(k)，沒什麼不同。但是，若你預期你的所得稅率將有變化的話，我們可以簡化這決定。

▍簡化選擇傳統 401(k) 抑或 Roth 401(k) 的決定

既然在選擇傳統 401(k) 抑或 Roth 401(k) 時，最重要的決定因素是繳稅的**時間**，因此，我們可以把這個問題簡化為回答以下這個問題：

你的有效所得稅稅率是現在（工作年間）比較高，還是以後（退休時）比較高？

其他條件不變之下，若你認為你現在的所得稅稅率比較高，那就選擇提撥至傳統 401(k) 退休帳戶；若你認為你退休時的所得稅稅率比較高，那就選擇提撥至 Roth 401(k) 退休帳戶。

是的，這答案很簡單，但回答起來可不容易。簡單是因為，為退休而提撥時，目標是避免在你的稅率最高時繳稅。但這是一個不容易回答的問題，因為你必須考慮你的聯邦所得稅、州所得稅及地方所得稅可能會如何歷時而變化。

思考未來的稅率

既然在選擇傳統 401(k) 抑或 Roth 401(k) 時，最重要的決定因素是未來的稅率，你的下一個疑問可能是：「那麼，尼克，未來的稅率是多少呢？」

抱歉，我也不知道！

不過，誰也不知道。你可以嘗試用歷史趨勢去思考聯邦稅率或州稅率在接下來幾十年會更高還是更低，但這可能比表面上看起來要難得多。例如，2012 年時，我以為美國聯邦所得稅稅率可能在未來提高到接近歐洲國家，但令我驚訝的是，《2017 年減稅與就業法》通過，美國聯邦所得稅稅率**降低**。預測未來，可真是件難事。

雖然，我不期望你能預測美國所得稅稅率的未來走勢，但我認為，花些時間思考你的退休狀況，能幫助你釐清傳統 401(k) 和 Roth 401(k) 這兩者之間的抉擇。

舉例而言，假設你預期你的聯邦有效所得稅稅率將從工作年間的 20% 提高到退休時的 23%，那麼，在其他條件不變下，這意味的是，Roth 401(k) 是更好的選擇，因為你現在繳的稅率（20%）比你預期退休時的稅率（23%）低。

但是，若其他條件有所變動呢？例如，若你現在的居住與工作地是所得稅稅率較高的州（例如加州），你計畫在所得稅稅率較低的州（例如佛羅里達州）退休呢？這種情況下，傳統 401(k) 是較好的選擇，因為在目前這個稅率較高的州節省下來的稅額，可能多過預期未來聯邦所得稅提高下增加的稅額。

不過，這將因州而異。例如，年齡至少 59.5 歲的紐約州居民，若所得來自一合格的退休儲蓄計畫，並符合一些其他標準的話，可獲得上達 20,000 美元的州所得稅減免額。我知道，這將使得你的退休儲蓄帳戶提

撥的計算變得複雜，但必須在此提醒你。

雖然，我們無法預測未來的稅率，但我們可以預估退休後需要多少所得，以及計畫在何地退休，有這兩筆資訊，就能大大幫助釐清你應該選擇傳統 401(k) 或 Roth 401(k)。

什麼情況下較宜選擇傳統 401(k)？

雖然，在一些情境下，Roth 401(k) 比傳統 401(k) 好，我大致上仍然偏好傳統 401(k)。為什麼？因為傳統 401(k) 具有 Roth 401(k) 沒有的一個優點：可選擇性。

在傳統 401(k) 之下，對於在**何時**及**何地**繳納所得稅，你可以有更多掌控權，再加上你可以把傳統 401(k) 轉換為 Roth IRA，這兩點讓你能夠做一些稅務上的操作。舉例而言，若你有一年經歷低所得（或沒有所得），你可以把你的傳統 401(k) 轉換為稅率較低的 Roth IRA。

我有朋友在職涯半途去讀商學院時使用這種方法，因為他們知道，讀商學院期間的暫時所得將低到接近零。這轉換使他們的稅額遠低於若他們在工作年間採用 Roth 401(k) 時需繳納的稅額。

但不是只有職涯半途去讀商學院才能使用此策略。但凡你有任何一段較長的低所得期間（例如為了養育小孩而請假一年，或是休假一年等等），都可以利用這策略來節稅。

請注意，這是假設你的 401(k) 帳戶餘額不大於你的一年所得的情況，若你的 401(k) 帳戶餘額大於你的一年所得的話，使用這種轉換，你的稅負將相同（或支付更高的稅率）。把你的傳統 401(k) 轉換為 Roth IRA 時，切記這點。

除了時機上的選擇，你也可以改變你計畫中的退休地，避開那些所得稅較高的城市與州。這也是為何在居住於紐約市這類高稅地區時最好

別選擇 Roth 401(k)，除非你知道你將在稅率同樣高的地區退休。

最後，雖然，本章一直使用有效稅率，真正重要的是邊際稅率。舉例而言，當你在退休後從傳統 401(k) 退休帳戶中提領，這些是應稅所得，以 2020 年的個人申報者邊際稅率而言，前 9,875 美元的所得只需繳 10% 的所得稅，9,876 美元至 40,125 美元的部分，稅率是 12%，愈後面的級距，稅率愈高。這意味的是，若你打算退休後的每年提領額**低於你目前工作的年所得**，那麼，你應該選擇傳統 401(k)。

舉例而言，若你工作年間的年收入是 200,000 美元，你計畫退休後每年提領 30,000 美元，那麼，傳統 401(k) 可以讓你避開工作年間的較高邊際稅率，在退休後繳納較低的邊際稅率。以 2020 年的個人申報者邊際稅率而言，這意味的是，避開 32% 的邊際稅率，只付 12% 的邊際稅率。

我不知道這些稅務策略中的哪些對你的未來最有利，但我知道，Roth 401(k) 沒有提供這些選擇。就雇主贊助的退休儲蓄計畫而言，傳統 401(k) 的更大彈性使它成為較佳選擇。

▎什麼情況下較宜選擇 Roth 401(k)？

雖然，Roth 401(k) 未提供可選擇性，仍然有一些可能適宜選擇 Roth 401(k) 的特殊情況，其中一種是高儲蓄者。

為什麼？因為把 Roth 401(k) 退休帳戶最大化（亦即每年提撥至最高存款上限）的話，其最終的免繳所得稅總金額將高於最大化的傳統 401(k)。簡單的數學就能說明這點。

莎莉和山姆在 2020 年時都把他們的 401(k) 最大化，分別存入 19,500 美元，莎莉存入她的 Roth 401(k) 帳戶，山姆存入他的傳統 401(k) 帳戶。假設三十年後，他們的退休儲蓄帳戶中的這筆錢都增值至 58,500

美元，山姆還必須繳納所得稅，假設他繳納了 30% 的所得稅，他將只剩下 40,950 美元可在退休後花用。

為何莎莉退休時有較多的錢呢？因為莎莉一開始就把最終免繳所得稅的金額存入退休儲蓄帳戶裡，別忘了她當初存入的那 19,500 美元是已經扣繳所得稅後的金額，而山姆存入的那 19,500 美元還未繳所得稅。若使用傳統 401(k) 的山姆想在退休時，繳完所得稅後仍有 58,500 美元的話，他當初應該存入 27,857 美元，但因為 2020 年時，傳統 401(k) 的最高存款額度是 19,500 美元，山姆不能存入比這更高的金額。

這個簡單例子顯示，對於高儲蓄者，Roth 401(k) 可能是更好的選擇，因為可以享有的總稅務遞延好處更多。

此外，如同前面提到的，若你合理地確定你退休後的稅率將高於你工作年間的稅率，Roth 401(k) 也是較好的選擇。很顯然，在這種情況下，使用 Roth 401(k)，在現在稅率較低時繳納所得稅，當然更好。

▎為何不兩者皆用？

截至目前為止，我都是拿傳統 401(k) 和 Roth 401(k) 來相較，彷彿它們勢不兩立，但其實不然，你可以兼採這兩種退休儲蓄帳戶。

事實上，任何使用 Roth 401(k) 的人，若你的雇主有相對提撥，那麼，你的退休儲蓄帳戶中將自動有傳統 401(k) 的成分，因此，你必須熟悉兩者。但這不是壞事，比起單獨使用這兩者中的任何一者，使用兩種退休儲蓄帳戶的可選擇性更多。

舉例而言，我認識的一些退休規劃專家建議，在你的收入可能較低的職涯早年使用 Roth 401(k)，等到你的收入增加後，轉換為傳統 401(k)。這種策略的好處是，在所得最高的那些年間避開最高的課稅級距和累進稅率，並且在退休後提領時有更大的彈性。如前所述，退休後

提領的所得稅規定因州而異，使用兩種退休儲蓄計畫的策略或許是有效應付這種複雜形勢的最佳解決方案。

探討完傳統 401(k) 和 Roth 401(k) 的成本與效益，接下來量化分析使用退休儲蓄帳戶來進行投資的稅負利益。

▎量化分析使用退休儲蓄帳戶來進行投資的稅負利益

說到稅與投資，你必須考慮兩層課稅，其一是前文討論的**所得稅**，其二是**資本利得稅**（capital gain tax），退休儲蓄帳戶如此誘人之處，就在於規避資本利得稅。

舉例而言，若用 100 美元購買一檔 S&P 500 指數型基金，兩年後以 120 美元的價格賣出，你必須為這 20 美元的利得繳納長期資本利得稅。但假設你是退休年齡，用退休儲蓄帳戶（例如 401(k)、個人退休帳戶等等）來購買，就沒有這些資本利得稅（譯註：雇主申請設立 401(k) 計畫後，會挑選合作的金融業者代理投資操作，金融業者提供多種投資標的組合，讓員工從中選擇。因此，401(k) 也是一個投資帳戶）。

用退休儲蓄帳戶來規避資本利得稅，來看看可以獲得多大的利益呢？

我們模擬一次性投資 10,000 美元於以下三種不同類型的帳戶：

1. **不課稅**：非應稅帳戶，例如 Roth 401(k)、Roth IRA 等等，這類帳戶中的錢都已經繳納所有相關的所得稅了。
2. **課稅一次**：只在帳戶出清時繳納資本利得稅的應稅帳戶，例如證券帳戶。這裡假設沒有要支付的股利，所有資本利得都是在最終時發生。
3. **每年課稅**：每年繳納資本利得稅的應稅帳戶，例如證券帳戶。想

像每年一次地賣出整個投資資產組合，然後重購，這將每年發生一次資本利得，因而產生以長期資本利得稅稅率課徵的稅額。

假設所有帳戶在三十年期間的年均報酬率都是 7%，應稅帳戶若發生資本利得，將支付 2020 年的長期資本利得稅稅率 15%。此外，在這裡，我使用的是 Roth 401(k) 及 Roth IRA，因為我只想比較發生於繳完所得稅**後**的投資稅負影響。

也就是說，在這個模擬中，我把第一層稅負（所得稅）移除，聚焦於第二層稅負（資本利得稅）。這模擬的目的是量化分析規避資本利得稅的長期利益（不課稅 vs. 課稅一次），以及量化分析不年年買賣的益處（課稅一次 vs. 每年課稅）。

＜圖表 19-1 ＞繪出投資 10,000 美元於不課稅帳戶和課稅帳戶，投

圖表 19-1　投資 10,000 美元於不同類型帳戶的三十年期成長

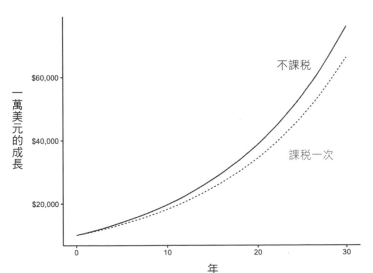

資期三十年，繳完應繳的資本利得稅後的三十年期成長軌跡。

三十年後，不課稅帳戶的 10,000 美元投資成長為 76,000 美元，課稅一次的帳戶成長為 66,000 美元，以百分率來看，不課稅帳戶的總成長比課稅一次的帳戶的總成長高出約 15%，或是三十年期的年均成長率高出 0.50%。

換言之，使用 401(k) 之類的非應稅退休帳戶來規避資本利得稅，其利益大約是一年 0.50%（假設年成長率為 7%，長期資本利得稅稅率為 15%）。在其他條件不變下，這意味的是，比起一個管理良好的證券帳戶，401(k) 提供的稅後報酬率高出約半個百分點。

不過，這比較是假設你能夠在應稅證券帳戶中購買投資資產後持有三十年，若你沒有這種水準的自律，這計算就會顯著改變。舉例而言，若你每年都賣出你的投資部位後再買進，一路繳納資本利得稅——亦即「每年課稅」策略，你的年均報酬率將因為繳稅給政府而再降低0.55%。

回到我們的模擬，以每年課稅策略投資 10,000 美元，三十年後將成長為 57,000 美元，低於課稅一次策略的 66,000 美元。太頻繁交易，使你因為繳納資本利得稅而總計損失 17%，或是一年損失 0.55%。

把這 0.55% 加上 0.50%（使用應稅帳戶的年均成長率比使用非應稅帳戶低了 0.50%），你因為資本利得稅而造成的年均報酬率損失超過 1%，這其中有大約一半是因為使用了應稅證券帳戶（而非使用退休帳戶），另一半是因為進出這應稅證券帳戶買賣太頻繁。

為何每年課稅策略對你的投資報酬傷害這麼大呢？因為頻繁地進出應稅證券帳戶進行買賣使你損失了投資報酬的複利效應。數學上來說，當你每年實現利得而繳納 15% 的資本利得稅時，你只獲得你的預期報酬率的 85%（1 – 15% ＝ 85%）。這相當於因為每年繳納資本利得稅，使你的財富一年只複利了 5.95%，而非 7%（0.85×7% ＝ 5.95%）。

對於那些太傾向每年買賣他們的投資部位的人來說，把錢存入

401(k)，年均稅後報酬率可提高超過1%，更長期間，這利益更顯著。

　　但是，對於那些更自律的人來說，盡可能把更多錢存入退休儲蓄帳戶裡未必是你的最佳選擇。所以，相反於主流的理財建議，你或許不該把你的401(k)最大化。

▍為何你或許不該把你的401(k)最大化？

　　我知道，你以前聽過這建議很多次：若能的話，把你的401(k)最大化。這幾乎是個人理財專家的一致建議，事實上，我以前也宣揚這點。

　　但是，模擬分析後，我改變了看法。把你的401(k)最大化，遠不如一般以為的那麼好。請別誤解我的意思，你應該總是把你提撥至你的**401(k)帳戶的金額拉高到你可以獲得最高的雇主相對提撥額為止**。基本上，雇主相對提撥是免費獲得的錢，別錯失了，但**超過**這水準，就必須更小心考慮了（譯註：這裡舉例說明，若你的年薪是100,000美元，你的公司提供50%的相對提撥，但相對提撥不超過你的年薪的5%，這意味的是，公司願意提供給你的相對提撥最高額是5,000美元。若你提撥4,000美元，公司就相對提撥2,000美元給你；若你提撥10,000美元，公司就相對提撥5,000美元給你；若你提撥12,000美元，公司的相對提撥仍然是5,000美元。意思是，你能獲得的公司最高相對提撥額是5,000美元，為獲得這最高相對提撥額，你本身需要提撥10,000美元，你應該盡量提撥到10,000美元，但超過這10,000美元就未必有利。另外，由於401(k)有每年帳戶提撥金額上限，例如2020年時，50歲以下勞工的個人提撥上限為19,500美元，所謂的401(k)最大化，指的就是個人提撥到上限額）。

　　如上一節所述，比起一個管理良好的應稅證券帳戶，使用非應稅退休帳戶來規避資本利得稅，其稅負利益大約是一年0.50%。但是，這

比較是假設你只對你的帳戶存入單一一筆款項，而且你沒有賺得年度股利，但我們知道，這兩個假設都不太可能成立。

多數人會隨著時日持續存款至帳戶裡，也將為他們的證券帳戶中獲得的股利支付資本利得稅。若我們用年股息率 2% 和持續三十年每年提撥來做出這些調整的話，401(k) 帳戶的稅後報酬率利益就提高到每年 0.73%。

這雖是滿不錯的溢報酬，但還抵不過 401(k) 計畫費用。截至目前為止，我們假設你支付的 401(k) 計畫費用相同於應稅證券帳戶收取的費用，但我們知道，未必都是如此。由於 401(k) 裡的投資選擇受限，而且還有行政管理及其他費用，因此，你對 401(k) 計畫支付的費用有可能高於應稅證券帳戶收取的費用。

基於上述計算，若你的雇主的 401(k) 計畫的投資選擇費用率比你在一個應稅證券帳戶支付的費用率高出 0.73% 以上，那麼，你的 401(k) 帳戶的每年稅負利益就完全沒了。

這可不是一個很難跨越的門檻，舉例而言，我們假設你每年必須支付總資金的 0.1% 的費用，才能讓證券帳戶裡的投資資產組合多樣化，那麼，若你的 401(k) 計畫每年收取的費用率大於 0.83%（0.73% ＋ 0.1%），那 401(k) 的長期稅負利益就完全消失了。

德美利證券（TD Ameritrade）的研究發現，2019 年時，美國一般的 401(k) 計畫的平均總費用率是 0.45%。[97] 這意味的是，平均而言，雇主相對提撥除外，美國受雇員工每年從他們的 401(k) 計畫獲得的稅負利益是 0.38%（0.83% － 0.45%）。

考慮到你必須把你的那些資本鎖住，直到你滿 59.5 歲才能提領，這稅負利益真的不多。雖然，在一些特定情況下，你可以把你的錢從 Roth 401(k) 帳戶提領出來，但實際上，你應該把 401(k) 裡的錢當作無法動用。

萬一你的 401(k) 計畫費用率高於 0.45% 呢？較小的公司的 401(k) 計畫總費用率通常超過 1%，若你恰好任職一家較小的公司，那麼，你的個人提撥額若超過獲取公司最高相對提撥額所需的金額的話，其長期稅負利益將為負值！每超過一塊錢，實際上都不如把這一塊錢放到管理良好的應稅證券帳戶裡。

另一方面，若你的雇主的 401(k) 計畫總費用率低（0.2% 或更低），那麼，把 401(k) 最大化，仍然有一些稅負利益。不過，在這麼做之前，你應該問自己：為了一年多出 0.6% 至 0.7% 的報酬率，把你的一部分財富鎖住，直到年老才能動用它，這樣值得嗎？我不是很確定。

我這麼問，是因為我覺得我更年輕時好像在理財上犯了一個錯誤，提撥太多錢到我的 401(k) 帳戶裡。雖然，我的退休規劃現在看起來很不錯，但我之前的作為也對我的錢財使用加諸了限制。

舉例而言，由於我 30 歲之前大都把我的 401(k) 最大化，導致我現在負擔不起在曼哈頓購買一棟房子所需要的可觀頭期款，我甚至不確定想不想在不久的將來購買，但若我想的話，可能還得再過幾年，因為我把太多錢存入我的 401(k) 帳戶裡了。這有部分得歸咎於自己沒有做好事前規劃，但有部分是因為我比較年輕時被「把 401(k) 最大化」的建議引入歧途。

所以，我很難支持你為了一年多個 0.5% 的報酬率（有時甚至更少）而把你的 401(k) 最大化，這缺乏流動性的溢報酬太小了，不值得，縱使你不需要用到大筆錢──例如買房的頭期款，仍然不值得。

當然啦，若你改變我截至目前為止所做的假設，是否要把 401(k) 最大化的決策也會改變。例如，若長期資本利得稅稅率從 15% 提高到 30%，401(k) 帳戶贏過證券帳戶年利益就從 0.73% 提高到 1.5%，這是個大差距，可以移動天平，傾向把你的 401(k) 最大化。

此外，可能有強烈的行為理由支持你把你的 401(k) 最大化。例如，

若你覺得管錢對你而言是困難的事，那麼，401(K) 的自動性和缺乏流動性可能正是使你維持於軌道上所需要的，你不會在資產負債表上看到這些好處，但它們對你而言絕對是有益的。

最後，是否該把你的 401(K) 最大化，這取決於你的個人情況，諸如你的性格、你的財務目標、你的雇主的 401(k) 計畫的費用率等等因素，都將左右這個決定，在採取行動前，務必仔細考慮這些因素。

討論完把你的 401(k) 最大化的利弊，我們可以做出總結，解答該如何安排你的投資資產歸屬帳戶。

▎投資資產歸屬帳戶的最佳安排

這節要談的，不是關於你擁有什麼投資資產，而是你在哪裡持有它們，我指的是**資產持有處**（asset location），或是你如何把投資資產分配於各種不同類型的帳戶裡。例如，你把債券放在你的應稅帳戶（亦即證券帳戶），或是非應稅帳戶（例如 401(k)、IRA 等等），抑或兩種帳戶皆有？你的股票呢？

傳統觀點是你應該把債券（以及其他經常分派收益的資產）放在非應稅帳戶，把股票（以及其他高報酬資產）放在應稅帳戶。其背後邏輯是：若債券所得（亦即利息）比股票所得（亦即股息）多，你應該讓那些債券所得避稅。

不過，更重要的是，由於債券所得的稅率高於股票所得的稅率（普通所得 vs. 資本利得），把債券放在非應稅帳戶中可以避開這些較高的稅率。

在過去，債券的殖利率遠高於股票的股息殖利率，這種策略有道理；但當債券的殖利率和成長率較低時，把它們放在非應稅帳戶未必是最佳選擇。

　　事實上，若你想使你的稅後財富最大化，你應該把你的成長率最高的資產放在非應稅帳戶（例如 401(k)、IRA 等等），把成長率最低的資產放在你的應稅帳戶。縱使 2020 年時，普通所得（及利息）的稅率高於資本利得的稅率，也應該這麼做。想了解為什麼，看看以下的舉例說明。

　　想像你把 10,000 美元投資於兩種資產（資產 A 和資產 B），資產 A 的年報酬率為 7%，但不發放紅利／利息，資產 B 每年發放 2% 利息。一年後，資產 A 所屬的帳戶將有 10,700 美元（稅前），資產 B 所屬的帳戶將有 10,200 美元（稅前）。

　　假設長期資本利得稅稅率為 15%，利息所得課稅 30%，資產 A 的稅額將是 105 美元（$700 美元的利得 ×15%），資產 B 的稅額將是 60 美元（200 美元的利息 ×30%）。由於我們想要降低繳納的稅額，自然是應該把資產 A 放在非應稅帳戶，儘管它並不發放利息／紅利。

　　這例示何以你在做出資產持有處的決定前，**除了**考慮所得稅稅率和資本利得稅稅率，**也必須**考慮你的資產的預期成長率。

　　此外，把高成長（可能風險也較高）資產放在非應稅帳戶，當市場崩盤時，你可能較不會想賣掉它們，因為它們放在非應稅帳戶（例如 401(k)、IRA 等等）裡，較難去動用它們。

　　這種策略的另一個好處是，你的低成長資產（例如債券）可能維持它們的價值，在你最需要流動性時，能為你提供額外的流動性。把低成長（風險也較低）資產放在你的應稅帳戶裡，意味的是可以更容易動用它們，若放在非應稅帳戶，較難動用。這麼一來，當市場崩盤時，最可能維持價值的資產也是最容易動用的資產。

　　不過，把高成長資產和低成長資產區分於非應稅帳戶和應稅帳戶裡，可能導致較難跨帳戶進行再平衡。舉例而言，若你把所有的股票放在你的 401(k) ／ IRAs，它們的價值佔你的投資資產組合的比重降低了

一半，你無法的證券帳戶取出錢，改放到你的非應稅帳戶裡，以便再平衡。雖然，從數學上來說，把成長率較高的資產放在非應稅帳戶是較好的做法，但我不喜歡這策略，因為它造成了再平衡方面的困難。

因此，我偏好在我的所有帳戶中都有**相同的**資產配置，也就是說，我的證券帳戶、IRAs 及 401(k) 帳戶全都持有相似比例的相似資產，它們是彼此的複印本。

我偏好這種方法的原因是，比起把股票放在一帳戶、REITs 放在另一帳戶、債券又放在別的帳戶，這種方法讓我更易於管理。這不是最節稅的解決方案，但這是我偏好的解決方案。

總結而言，若你是需要多一些報酬的人，那就把成長率較高的資產放在非應稅帳戶。若多一點報酬對你而言不是那麼重要，那麼，在各種帳戶中持有相似的資產配置，能讓你更易於管理你的投資。

討論完如何把你的財富最適化地儲存，接下來討論為何這筆財富永遠不會使你覺得自己有錢。

第 20 章

為何你永遠都不覺得
自己有錢？

你或許已經有錢了，為什麼？

　　這天是 2002 年的耶誕節，整個西維吉尼亞州的人都在花錢，大把且快速，毫不吝惜，但不是買禮物或蛋酒，他們在買什麼？

　　買彩券。

　　下午 3 點 26 分，彩券購買熱達到高峰，每一秒鐘有 15 人購買。隨著時鐘指針滴答，滴答，滴答，三秒鐘，又有 45 個滿懷希望的人加入了彩券熱行列。

　　傑克・惠特克（Jack Whittaker）也是這些滿懷希望者之一，他平時不買彩券，但這期的頭獎超過 1 億美元，他能不動心嗎？傑克買了彩券，回家去見他結縭四十年的太太茱兒。

　　當晚 11 點，威力球（Powerball）開獎，茱兒把已經睡著的傑克叫醒，因為奇蹟降臨，五個號碼，他們中了四個，不是頭獎，但上床時，他們知道有六位數的獎金等著他們。

　　翌日早上，工作前，傑克打開電視，看到一個驚人的消息：昨天晚

上抽出的一個號碼被宣布不正確。傑克拿出他的彩券，核對正確號碼，當場愣在那裡，說不出話來。

他贏得美國史上最大的單注頭獎——3.14 億美元。傑克決定一次領取現金，稅後金額為 1.13 億美元。[98]

但你已經知道結局並不好，對吧？

一次領取 1.13 億美元後的兩年間，傑克的外孫女死亡（可能是死於藥物過量），他和太太分居，他本人則是玩高額賭博，用錢引誘女人和他發生性關係，酒駕。最終，傑克把贏來的錢全部花光。

我知道你在想什麼：「哎呀，尼克，又一個彩券贏家失足的故事，老套了。」

噢，我在前面沒提到有一個關於傑克·惠特克的小細節：他原本就已經富有了。

是的，在購買那張永久改變他人生的彩券**之前**，傑克已經擁有超過1,700 萬美元的淨資產。他如何致富的呢？他是個成功的商人，他是西維吉尼亞州一家名為「Diversified Enterprise Construction」的承包工程公司的總裁。

我講述這個故事是因為它例示，就連那些用心純正、背景好和有判斷力的人，也可能被金錢改變人生的作用給壓垮。

傑克·惠特克不是個壞人，他贍養太太和外孫女，他上教會，贏了威力球頭獎後，**他立刻捐上千萬美元，創立一個非營利基金會。**

但是，當誘惑來襲時，他未能擺脫它們。金錢就是具有如此改變人們的力量。

諷刺的是，若傑克認知到他已經多麼富有的話，這些都不會發生。

我怎麼知道傑克不覺得自己富有呢？因為儘管他已經擁有 1,700 萬美元的淨財富，他仍然買彩券！人們或許很容易結論認為，傑克就是個貪婪的人，但經驗使我知道，認知到你的富有，並非如同想像中的那般

容易。

▌我不富有，他們才富有

2010 年代中期，我的朋友約翰（不是真名）與我聊天時談到在美國何謂富有。約翰生長於舊金山灣區最富裕的城市之一，父母都有研究所學位，分別在醫療和教育界有傑出的職涯。但是，約翰說他並不是那麼富有，他向我解釋為什麼。

約翰 16 歲生日那天，他的父親給他 1,000 美元開設了一個證券帳戶，讓他學習股市。那天稍後，約翰告訴他最要好的朋友馬克這個禮物，並問馬克獲得了什麼生日禮物，因為馬克的生日跟他同一天。馬克說，他也獲得相同的生日禮物。

聽到這個，約翰很驚訝。約翰心想，他們兩人的父親是好友，因此，有可能兩個父親是商量著給他們的兒子相同的生日禮物，但馬克的家庭遠遠富有多了，他家非常有錢。

馬克的祖父創立了一家著名的投資公司，馬克的父親是一家知名科技公司的董事會成員，帳面上來說，馬克的家庭是億萬富翁。因此，聽到馬克只獲得了 1,000 美元，約翰不解。

他問馬克：「所以，你也獲得了 1,000 美元？」馬克有點遲疑地回答：「呃，不是，是 100,000 美元，但基本上，這是相同的禮物。」

這是有錢，那也是**有錢**。

2002 年至 2007 年，我也認為我有錢，起碼是某種的有錢。

我家有一台大螢幕電視機（2 英尺 × 1/2 英尺），我們有一輛沙灘車和一輛跑車，我家是三層樓的房子，坐落在一個有保全守衛的社區，我就讀的學校的孩子稱這社區為「蓋茲」（The Gates）。後來我才知道，這種奢侈生活只是暫時的。

　　我的母親和我的繼父在 2002 年以 271,000 美元買下這棟三層樓房子，到了 2007 年年初，這房子已經增值到 625,000 美元。整個增值過程，我家一再增貸，把這棟房子增加的價值提現出來。只要房價繼續上漲，我們就能繼續靠著這棟房子過上高端生活。

　　不幸的是，房價並未持續上漲。當房價於 2007 年末崩跌時，一切都毀了，我們失去了這棟房子，被迫賣掉沙灘車、電視機、跑車。我們以前稱之為「蓋茲」的家，現在成為我們不再能過上的那種生活的阻牆。從那之後，我們不是有錢人了。

　　不過，直到上大學後，我才明白我們是多麼不富有。我永遠忘不了我上大學的第一週，我發現，我居住的大一新生宿舍裡有二十個新鮮人，其中只有兩人從未去過歐洲，我是其中一個。事實上，截至當時為止，我從加州搭機去過的最遠之地是新墨西哥州，而且，那機票是一個科學獎支付的。回顧往昔，我現在明白為何我會認為 2002 年至 2007 年間的我是有錢人了，因為我知道較差條件下的生活是什麼模樣。

　　進住「蓋茲」社區前，我和家人住在一間灶台下有很多蟑螂的康斗（condo，共有公寓），每次烹飪時，牠們會跑出來，停留在爐灶的控制板上取暖，就像小蜥蜴跑出來曬太陽似地。牠們經常侵入我們的食品儲藏室，留下許多棕色小顆粒（你知道那是什麼），噁心死了。直到今天，我仍然受不了蟑螂。

　　不過，那種環境雖差，生活裡仍然有很多美好，我衣食無虞，有一個非常理解支持我的家庭，我甚至擁有自己的電腦（那是 2001 年耶！）。但我當時看不出自己過得多好，因為，我知道的生活只有這種啊。

　　這就像我的朋友約翰看不見他的富有，因為他成長過程中只看到他比他的高中朋友窮。不幸的是，縱使你變得更富有了，也不會擺脫這種感覺。

為何就連億萬富翁也不覺得自己有錢？

你可能會想，等你變成億萬富翁了，就會覺得自己是有錢人了。那可未必！舉例而言，前高盛集團（Goldman Sachs）執行長、現在是億萬富翁的勞伊・布蘭克芬（Lloyd Blankfein）在2020年2月接受訪談時說，儘管擁有龐大財富，他並不富有：

> 布蘭克芬堅稱，他只是「寬裕」，算不上有錢。「我甚至不能說我有錢，」他說：「我不覺得自己有錢，我也不表現得有錢。」
>
> 他說他在邁阿密及紐約都有一棟公寓大樓，但他堅決遠離大多數的奢侈品，他開玩笑：「要是我買了一輛法拉利（Ferrari），我會擔心它被刮蹭。」[99]

有人可能對這些話感到驚訝，但我知道布蘭克芬為何這麼想。

當你經常和傑夫・貝佐斯（Jeff Bezos）及大衛・葛芬（David Geffen）之類的人往來，看著瑞・達利歐（Ray Dalio）及肯尼斯・葛里芬（Kenneth Griffin）之類的同儕時，只有十億美元的淨資產看起來並不多。

但是，完全客觀地來看，布蘭克芬躋身全美財富最高的前0.01%家計單位之列，是1%中的1%。根據經濟學家伊曼紐爾・賽斯（Emmanuel Saez）和加柏列・祖克曼（Gabriel Zucman）的研究分析，2012年時，美國財富最高的前0.01%家計單位（大約16,000個家庭），淨財富至少1.11億美元。[100]就算用2012年以來的資產價格漲幅來做出調整，布蘭克芬仍然輕鬆地躋身全美最富有的前0.01%家計單位之列。

不是只有布蘭克芬有這種認知問題，所得水準上層的多數人都認為

他們的富有程度不若實際上的他們。舉例而言，一群學者發表於《經濟學與統計學評論》（*The Review of Economics and Statistics*）的一篇研究報告指出，所得水準居於中階以上的家計單位大都不知道他們的生活水準有多好。[101] 如＜圖表 20-1 ＞所示，所得水準在第 50 個百分位以上的家計單位往往低估了他們相對於其他人的富裕。

從＜圖表 20-1 ＞可以看出，就連那些實際所得水準落在第 90 個百分位及以上的家計單位，也以為他們的所得水準位居第 60 至第 80 百分位區間。

乍看之下，這結果可能令人驚訝，但若你把財富認知看成一種人脈

圖表 20-1　實際相對所得水準與認知相對所得水準分布圖

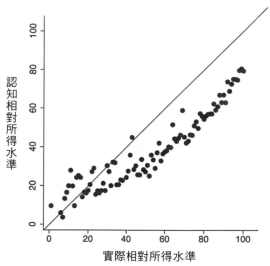

註：這張圖表顯示第一回合受調查對象的認知相對所得水準和實際相對所得水準之間的
　　關係。我們建立一百個相同大小樣本的實際相對所得水準，在此圖表中列出每一個
　　樣本的認知相對所得水準平均值。圖表中的45度斜線代表無偏見（亦即認知的相對
　　所得水準與實際相對所得水準相同）。本研究的受調查對象總數為1,242個家計單
　　位。

問題，就會更明白這個中原因。史丹佛大學教授馬修・傑克森（Matthew Jackson）在其著作《人際網絡解密》（*The Human Network*）中討論何以多數人覺得他們的人氣比不上他們的朋友時，對這個概念有精闢的解釋：

> 你是否曾經覺得別人擁有的朋友比你多？若是，其實，不是只有你有這種感覺。平均而言，我們的朋友擁有的朋友數量比人群中的某人擁有的朋友數量多，這是所謂的「朋友悖論」（friendship paradox）……「朋友悖論」很好懂，最有人氣的人出現於許多人的朋友名單上，朋友很少的人出現於較少人的朋友名單上。有許多朋友的人超頻繁出現於別人的朋友名單上，但這類人在人口中佔的比例沒那麼多；而朋友較少的人較少出現於別人的朋友名單上，但這類人在人口中佔的比例沒那麼少。[102]

你可以應用社交網絡中的這種思維，解釋為什麼人們感覺他們的富有程度不若他們的實際富有程度。

舉例而言，你大概能想到至少一個比你有錢的人，而這個較有錢的人可能也有一些更有錢的朋友，因此，這些人也能想到比他們更有錢的人。若他們想不到的話，他們可以輕易地舉出一個比他們有錢的名人（例如蓋茲、貝佐斯等等）。

把這邏輯延伸而得出其自然的結論，你就能明白為何人人（舉世首富除外）都能指出某人，說：「我不有錢，他們才有錢。」

這就是為何像布蘭克芬這樣極富有的億萬富翁仍然會覺得他們只不過是「寬裕」罷了。

噢，你猜怎麼著？你大概也是這樣。

我如何知道的呢？因為你可能遠比你以為的還要有錢。舉例而言，若你的淨財富大於 4,210 美元，那麼，根據瑞士信貸集團（Credit Suisse）發表的〈2018 年全球財富報告〉（Global Wealth Report 2018），你比全球半數人還富有。[103]

若你的淨財富大於 93,170 美元（這數字跟美國人的淨財富中位數相近），那麼，你的財富水準在全球人口中居前 10%。我不認識你，但我認為，能在全球排名前 10% 的人，就是富翁了。

我猜你大概不同意？你認為把你拿來相較於全球的任意一群人——例如開發中國家的鄉下農夫，這不公平，對吧？

你猜怎麼樣？勞伊・布蘭克芬大概也認為，把他拿來和你我相較，這不公平！

是的，客觀上來說，比起聲稱全球排名前 10% 算不上富有，布蘭克芬聲稱自己不富有是誇張多了，但這兩者基本上是相同的論點，我們不過是在吹毛求疵罷了。

前 10%，算有錢嗎？

前 1% 呢？

前 0.01% 呢？

這是拿什麼總數作為基礎？全球？全國？全市？

沒有正確答案，因為有沒有錢，這是一個**相對**概念，一直都是如此，永遠都會如此。你的生活中處處都存在這種相對性。

舉例而言，2019 年時，你需要有 1,110 萬美元的淨財富，才能躋身全美最富有的前 1% 家計單位之列。但若根據年齡和教育程度來劃分有沒有錢，為躋身前 1%，你需要擁有的淨財富介於 341,000 美元和 3,050 萬美元。例如，若你小於 35 歲，而且是高中中輟生，你只需要有 341,000 美元，就能躋身前 1%。但 65 至 74 歲、受過大學教育的家計單

圖表 20-2　根據年齡與教育程度來劃分的第99百分位淨財富水準，2019年，美國

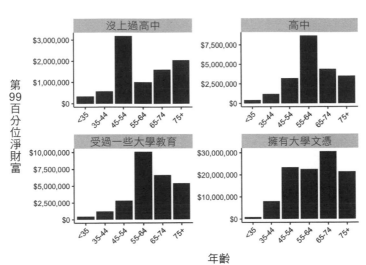

位，必須有 3,050 萬美元，才能躋身前 1%。＜圖表 20-2 ＞顯示根據教育程度和年齡來劃分的 2019 年淨財富前 1% 美國家計單位。

　　所以，沒人覺得自己富有，因為很容易指出更富有的某人。問題是，當你覺得自己不富有時，別忘了所有那些可能指出你比他們更富有的人！

　　探討完為何你可能永遠都不覺得自己富有，接下來探討能使你感覺比別人更富有的一種資產。

第 21 章

最重要的資產

為什麼這項資產你永遠都不能獲得更多

　　醫生暨長壽專家彼得・阿提亞（Peter Attia）在 2017 年一場談論如何增長壽命的演講中建議聽眾做以下的思考實驗：

> 　　我敢打賭，若把巴菲特的所有財富端出來給你，你們當中沒有任何一個人願意和現在的他交換身分……噢，順便一提的是，我也敢打賭，就算巴菲特現在一窮二白，他也願意多活二十年。[104]

　　想想阿提亞提出的交易。想像擁有巴菲特的財富、名氣，和身為舉世最傑出投資人的地位，你能去你想去的任何地方，見你想見的任何人，買任何能出售的東西，但你現在 87 歲了（巴菲特當時的年齡）。你願意做出這筆交易嗎？

　　我知道，這聽起來有玄機，但我打賭你不願意。你直覺地了解，在一些情況下，時間遠比金錢更有價值。因為你能用時間來做一些永遠無法用金錢做到的事，事實上，若有足夠的時間，你甚至能移山呢。

▌愚公移山

你大概從未聽過這個人類史上最了不起的毅力故事之一。這故事開始於 1960 年，地點是印度西北部的吉勞村（Gehlaur）。當時的吉勞村太偏僻了，需要生活必需品或求醫時，村民得沿著山脊走上 30 英里（50 公里）的坎坷路，**翻越這座山**。

一天，有個村民在這條路上摔傷了，她的丈夫達許拉斯・曼吉（Dashrath Manjhi）得知她受傷，認為勞吉村民翻越這座山實在太艱辛了，當天晚上，他發了一個誓，一定要開闢出一條穿山路。

翌日，曼吉開始用一支鎚子和一把鑿子開鑿這山脊。當地村民聽聞曼吉的使命，嘲笑他，說這是不可能做到的。但曼吉從不放棄。

接下來二十二年，曼吉獨力鑿山，日復一日，最終，他開闢出一條長 360 英尺（110 公尺）、寬 30 英尺（9.1 公尺）、高 25 英尺（7.6 公尺）的道路。直到 1980 年代初期，終於開通這條路時，他總計移除了 27 萬立方英尺的岩石，他也贏得了「Mountain Man」的綽號。

這條穿山路使得勞吉村和鄰近村莊的交通距離從 34 英里（55 公里）縮減為 9 英里（15 公里）。若你在谷歌地圖（Google Maps）上搜尋「Dashrath Manjhi Passthrough」，點選街景，就能看到這歷經二十二年艱辛的成品。遺憾的是，曼吉的妻子──啟發曼吉鑿山闢路的人，在這條路竣工的幾年前去世。

曼吉的故事例示了時間具有多大的隱藏價值。雖然，曼吉沒有錢可以請工程人員開闢一條穿山路，他有的是時間。

所以說，時間是、且永遠將是你最重要的資產，你如何使用你 20 幾歲、30 幾歲、40 幾歲時的時間，將對你 50 幾歲、60 幾歲、70 幾歲時的生活有著巨大的影響。不幸的是，我從親身經驗認知到，很多人可能得花些時間，才會學到這啟示。

本書開頭談到我大學畢業後初期對於金錢的焦慮，本書最末，我將告訴你，約莫那個年齡，我對自己設定的一個目標。重要的不是這個目標，而是追求這個目標的路上，我學到了時間的價值，以及我們如何評價我們的人生。

我們以成長股展開人生，以價值股終結人生

23 歲時，我告訴自己，我想在 30 歲之前擁有 50 萬美元。當時，我名下資產不到 2,000 美元，讀到巴菲特在 30 歲時擁有 100 萬美元後，我選擇 50 萬美元作為我的最終目標。

請注意，巴菲特是在 1960 年時擁有 100 萬美元，換算成現在的幣值，將超過 900 萬美元。但我不是巴菲特，我把目標設定為減半的 50 萬美元，而且沒有做出通膨調整。

2020 年 11 月，邁入 31 歲時，我的淨資產仍然沒有達到 50 萬美元，和我的目標還有段距離。差多遠呢？離我能接受的水準還滿遠的。

但差多少，其實不重要。誠如電影《玩命關頭》（*The Fast and the Furious*）中馮・迪索（Vin Diesel）飾演的角色唐老大（Dominic Toretto）所言：「贏一英寸或一英里差距都沒差，贏了就是贏了。」同理，輸了就是輸了，不論是差了一位數，還是六位數。

但是，令這個失敗特別難堪的是，它發生在大牛市期間，我做不好，不能怪罪於大盤表現太好，只能歸咎於自己的行為。

我錯在哪裡呢？不是我沒努力，我做全職工作八年，每週投入十小時於我的部落格，寫了近四年。雖然，2020 年之前，我的部落格並不賺錢，但就算這部落格更早開始賺錢，我仍然不會達成 50 萬美元的目標。

我也不認為我能歸咎於我的支出。雖然，我可以減少旅行和外出用餐（這些是我非常喜歡的事）的次數，但就算那麼做了，這些省下的錢

也不足以改變結果。

你知道什麼可以改變結果嗎？在我的職涯更早的時候做出更好的決策。我應該優化的，不是我的錢，而是**我的時間**。

我的許多朋友去了大科技公司（臉書、亞馬遜、優步等等），獲得了高價值的股權激勵薪酬，我在同一家顧問公司任職了六年，雖然薪資很不錯，但沒有這樣的好處。我認知到自己錯過太多時，已經有點遲了。

那些朋友當中有許多在科技類股估值巨大成長後，行使他們的股票選擇權，成為百萬富翁（或至少是半個百萬富翁）。我可以說他們幸運，這有部分是事實，但我也知道，這不過是個藉口，因為我有許多機會可以跳槽大科技公司，但我全都拒絕了。

其實，也不是我想到大科技公司工作（我並不想），而是 27 歲之前，我沒有花足夠時間思考我的職業。紐約聯邦準備銀行的研究人員發表的研究報告指出，一個人的所得成長最快速的期間是他們工作的頭十年（25 歲至 35 歲）。[105] 由此可見，我在 23 歲時的焦點應該擺在我的職業，而非我的投資資產組合。

我犯錯的原因是，我錯誤地相信，金錢是比時間更為重要的資產。後來，我才了解為何這理念是錯的。

你總是能賺更多錢，但什麼都不能為你買到更多時間。

你可能覺得我對自己要求太高了，放心，我向你保證，我其實並沒有對自己太苛刻。我知道，以我本身的養成教育來說，目前的生活已經遠比我能期望的好很多了。況且，若我早早進入大科技公司工作，可能沒機會撰寫這本書，這也是值得思考的一點。

不過，更重要的是，我知道，就算我已經達成我的 50 萬美元目標，大概也不會對我的生活帶來多大改變。富裕是階梯式增加的，大約是 10 倍，所以，你的財富從 10,000 美元增加到 100,000 美元時，對你的生活

帶來的影響，大概比從 200,000 美元增加到 300,000 美元時帶來的影響
還大。因此，就算我在 30 歲擁有了 50 萬美元，也不會使我的生活有多
大改變。

我知道，在許多美國家計單位掙扎於勉強維持生計之下，我抱怨
自己沒能達成一個遠大的財務目標，這聽起來很刺耳。但是，如同我在
上一章所言，財富不是一種絕對值賽局，而是一種相對值賽局。不管怎
樣，我都會拿自己和我的期望以及我的同儕群比一比，你也會這樣。我
但願我們不會這樣，但事實就是這樣，你可以跟我爭，但大量的研究顯
示，這是事實。

舉例而言，強納生・勞奇（Jonathan Rauch）在《幸福曲線》（*The
Happiness Curve*）一書中指出，多數人的幸福感從 20 幾歲末開始降低，
在 50 歲時到達谷底，然後又開始上升。若繪成圖，我們一生的幸福感
變化看起來像條 U 型曲線（或是一個小小的微笑曲線）。

西北大學經濟學家漢尼斯・史旺德（Hannes Schwandt）的實證研究
把不同年齡的人預期五年後的生活滿意度和他們目前的實際生活滿意度
繪製成兩條曲線，如＜圖表 21-1 ＞所示。[106]

舉例而言，30 歲的人目前的生活滿意度是 7（最高是 10），他們預
期五年後，當他們 35 歲時，生活滿意度為 7.7。但是，從＜圖表 21-1 ＞
中的曲線可以看出，那些 35 歲的人的實際生活滿意度比 30 歲的人低，
只有 6.8，而非他們 30 歲時預期的 7.7。平均而言，30 歲的人預期他們
五年後的生活滿意度會增加 0.7，但實際上，他們五年後的生活滿意度
可能降低 0.2。

把＜圖表 21-1 ＞中代表目前生活滿意度的那些點連結起來，就形成
25 歲至 70 歲的 U 型幸福曲線。

為什麼幸福感從 20 幾歲末開始降低呢？因為隨著年齡增長，人們
的生活通常未能達到他們的高期望。勞奇在《幸福曲線》一書中寫道：

圖表 21-1　預期五年後的生活滿意度 vs. 目前的實際生活滿意度

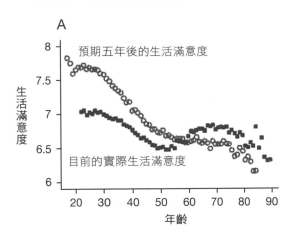

年輕人普遍高估他們的未來生活滿意度，他們做出了嚴重
的預測錯誤，而且完全不是隨機性的錯誤，這錯誤就好像你住
在西雅圖，卻預期天天陽光普照……平均而言，年輕成年人在
20 幾歲時對他們的未來生活滿意度高估了約 10%。不過，這
種過度樂觀的程度隨著年齡增長而遞減……並不是人們變得消
沉，而是他們變得務實了。[107]

　　這研究可資解釋為何我對於未能達成我在 23 歲時設定的遠大財務
目標感到有點悶悶不樂，不過，它也解釋何以我不太可能達成那目標，
或許，23 歲時的我太樂觀了。

　　你可能發現，你的生活也呈現這種型態。你年輕時可能把你的期望
訂得相當高，日後因為不如期望而感到失望。但是，研究顯示，這很尋
常。

　　同樣尋常的是，隨著年齡增長，你會降低你的期望，可能降低得太
多，以至於邁入老齡時，快樂的驚喜將為你增添幸福感。我們以成長股

展開人生，以價值股終結人生。

投資人對成長股的估價（往往高估）相似於我們年輕時看待自己的方式，對未來懷抱高預期和高希望。但是，我們當中有許多人就像許多的成長股那樣，最終未能達到這些高期望。

隨著年齡增長，我們降低了期望，降低得太過了，以至於我們懷疑未來境況大概不會更好了，這相似於投資人對價值股的估價（往往低估）。但是，境況通常比我們預期的還要好，我們就像價值股的投資人那樣，體驗到快樂的驚喜。

當然，這些只是平均而言，每個人的人生不同，有自己的曲曲折折。我們全都必須根據自己在當下知道的東西來做出決策，我們也只能做到這點了。

討論完你的最重要資產，接下來就用一個賽局把全部彙總起來。

持續買進法則

如何在時空旅人的賽局中勝出

　　想像一個時空旅人找上你，他非常想學致富之道，為此，他設計了一種賽局，想讓你玩一場。這賽局的玩法與規則如下。

　　明天，你醒來後將置身於過去一百年的某個時點，你不知道目前的生活情況，也不知道未來會怎樣，但你可以讓自己帶一套理財指南，回到過去。假設你想把創造財富的可能性最大化，你會告訴自己什麼？

　　「買蘋果股票」或「在 1929 年 9 月至 1932 年 6 月期間避開股市」，這些都很誘人，但我們假設歷史本身不會照樣重演，你可能回到 1929 年，但沒有發生大蕭條，或是回到 1976 年，但蘋果公司從未能走出車庫，發展壯大。

　　在這有限的資訊下，現在的你會讓自己帶什麼遵循指南回到過去？你如何在時空旅人的賽局中勝出？

　　我為這個問題提供的答案就是這本書。我對你一無所知，不論你的背景如何，我的目的是使你的財務成功可能性最大化。所以，讓我們來回顧，若時空旅人邀請我玩這場賽局的話，我會告訴自己哪些理財指南，以便在賽局中勝出。這些指南就是以下的「持續買進法則」。

窮人的重點應該放在存錢，富人的重點應該放在投資

先辨識你目前處於你的理財旅程的什麼階段，再決定把你的時間和精力置於何處。若你的期望儲蓄大於你的期望投資所得，那就把重點放在儲蓄，否則就把重點放在投資。若這兩個數字很接近，你就同時把重點放在儲蓄和投資。（第 1 章）

把你能存的錢存下來

你的收入和支出鮮少是固定的，因此，你的儲蓄率也不應該固定不變。把你能存的錢存下來，這樣可以減輕你的理財壓力。（第 2 章）

重點是收入，而非支出

撙節支出有其極限，但增加你的收入是沒有極限的。找到方法幫助你增加目前收入，把更多的錢投資於生財資產，壯大成未來的更多錢。（第 3 章）

使用「兩倍規則」來消除花錢的罪惡感

若你曾經因為揮霍而心生罪惡感，那就在每次揮霍時，把同額的錢投資於生財資產，或捐給慈善組織。這是無憂消費的最容易方法。（第 4 章）

把你的未來加薪及分紅的至少50%存起來

少許程度的生活方式膨脹無傷大雅，但若你想維持在正軌，切記生活方式膨脹別超過你的未來加薪額的 50%。（第 5 章）

舉債未必是好事或壞事，端視你如何使用它

某些情境下，舉債可能有害；其他情境下，舉債可能有益。只有在舉債最有益於你的財務時，才使用舉債。（第 6 章）

只有在時機對時才買房

買房可能是你這輩子做過的最大一筆財務決策，因此，你應該只在你的財務狀況和你目前的生活方式適宜時才買房。（第 7 章）

為大額購買而存錢時，採用現金存款方式

雖然，在等待期間，債券和股票可能為你賺更多，但在為了結婚、買房，或其他大額購買而存錢時，應該選擇現金存款方式。（第 8 章）

退休要考慮的，不只是錢

決定退休前，想清楚你退休後想做什麼及過怎樣的生活。（第 9 章）

投資以積累財務資本，取代你與日逐漸衰弱的人力資本

你無法永久工作，趁著還不太晚，以財務資本取代你的人力資本。投資是做到這點的最佳途徑。（第 10 章）

像業主般地思考，購買生財資產

想使你的所得顯著成長，你應該像業主般地思考，拿你的錢去購買生財資產。（第 11 章）

別買個股

買個股、並期望贏過大盤，就好比擲硬幣，你可能成功，但就算你

成功,你如何知道這不是純粹幸運使然?(第 12 章)

買進要快,賣出則慢

由於長期而言,多數市場傾向揚升,因此,使你的財富最大化的最佳準則是:買進要快,賣出則慢。若你對這準則不放心,那麼,你的買進與賣出可能對你而言風險太高。(第 13 章,第 18 章)

盡早投資,且盡量經常投資

若你以為你可以繼續存錢,等待入市的好時機,請再三思。就連上帝也贏不了平均成本法。(第 14 章)

投資並不是只看你有什麼牌,也取決於你如何打你手上的牌

整個投資生涯,你將經歷好運期和壞運期,但最重要的是你的長期行為。(第 15 章)

當波動無可避免到來時,別害怕

市場不會提供你一路無顛簸的免費順風車,別忘了,你得歷經一些下坡路(價格下跌),才能走上上坡路(價格上漲)。(第 16 章)

市場崩盤通常是買進的機會

未來的報酬通常在重大市場崩盤後達到最高,因此,別害怕去利用偶爾發生的市場崩盤。(第 17 章)

先把錢用於你需要的生活，再考慮為了你想要的生活而冒險投資

雖然，本書書名是「持續買進」，但有時候，賣出是適當或必要的。畢竟，若你不使用財富，幹麼要創造財富？（第 18 章）

把你的 401(k) 最大化前，先三思

401(k) 提供的年稅負利益可能比你以為的要少，在把你的錢鎖住幾十年之前，考慮清楚你可能還需要用你的錢做什麼。（第 19 章）

你永遠都不會覺得自己有錢，這沒關係

不論你多有錢，總是有人比你更有錢。若你在理財賽局中贏了，千萬別在過程中迷失了自己。（第 20 章）

時間是你最重要的資產

你總是能賺更多錢，但什麼都不能為你買到更多時間。（第 21 章）

我們已經在玩的理財賽局

所幸，我們不需要一部時間機器才能玩時空旅人的賽局，因為我們已經在玩這賽局了。事實上，我們的整個成人生涯都在玩這賽局。

我們每天都必須在不知道未來會如何之下做出財務決策，雖然沒有一套特定的指南可遵循，我們會持續不斷尋找所能找到的最佳資訊。你讀這本書，就顯示你在尋找對你管用的指南。

我只能希望本書被列入你的指南清單。感謝你閱讀本書。

致謝

　　我的人生充滿幸運，本書的寫就與付梓，也得感謝許多幸運。若沒有過去多年間來自無數人的指引，我不可能寫就本書，這其中，特別讓我受益的人包括：

　　Gherty Galace，在很久很久以前就啟發我寫作。

　　Michael Batnick，比任何人更早相信我。

　　Morgan Housel，一字都不說地引領我。

　　Craig Pearce，在我最需要的時候，提供釐清與信心。

　　我也要感謝 Ben Carlson、James Clear、Carl Joseph-Black 及 Jim O'Shaughnessy，他們在我撰寫本書時，提供寶貴意見。大聲感謝我的好友們持續給我的鼓勵，尤其是波士頓男孩們（Justin、Tyler 及 Sam）。

　　感謝 Maggiulli 及 Montenegro 這兩個家族的人，有句古諺說：「養育一個小孩，需要舉全村之力」，我知道，沒有我的村民們，就沒有今天的我，我愛你們所有人。

　　最後，感謝多年來分享或支持我的工作與作品的每一個人，我衷心感謝你們，你們不知道，你們的支持對我有多重要。

註釋

1. Miller, Matthew L., "Binge 'Till You Burst: Feast and Famine on Salmon Rivers," Cool Green Science (April 8, 2015).

2. Nicholas, Austin and Seth Zimmerman, "Measuring Trends in Income Variability," Urban Institute Discussion Paper (2008).

3. Dynan, Karen E., Jonathan Skinner, and Stephen P. Zeldes, "Do the Rich Save More?" *Journal of Political Economy* 112:2 (2004) 397-444.

4. Saez, Emmanuel, and Gabriel Zucman, "The Distribution of US Wealth: Capital Income and Returns since 1913." Unpublished (2014).

5. "Stress in America? Paying With Our Health," American Psychological Association (February 4, 2015).

6. "Planning & Progress Study 2018," Northwestern Mutual (2018).

7. Graham, Carol, "The Rich Even Have a Better Kind of Stress than the Poor," Brookings (October 26, 2016).

8. Leonhardt, Megan, "Here's How Much Money Americans Say You Need to Be 'Rich'," CNBC (July 19, 2019).

9. Frank, Robert, "Millionaires Need $7.5 Million to Feel Wealthy," *The Wall Street Journal* (March 14, 2011).

10. Chris Browning et al., "Spending in Retirement: Determining the Consumption Gap," *Journal of Financial Planning* 29:2 (2016), 42.

11. Taylor, T., Halen, N., and Huang, D., "The Decumulation Paradox: Why Are Retirees Not Spending More?" *Investment & Wealth Monitor* (July/August 2018), 40-52.

12. Matt Fellowes, "Living Too Frugally? Economic Sentiment & Spending Among Other Americans," unitedincome.capitalone.com (May 16, 2017).

13. Survey of Consumer Finances and Financial Accounts of the United States.

14. 19th Annual Transamerica Retirement Survey (December 2019).

15. The 2020 Annual Report of the Board of Trustees of the Federal Old-Age and Survivors Insurance and Federal Disability Insurance Trust Funds (April 2020).

16. Pontzer, Herman, David A. Raichlen, Brain M. Wood, Audax Z.P. Mabulla, Susan B. Racette, and Frank W. Marlowe, "Hunter-gatherer Energetics and Human Obesity," *PloS One* 7:7 (2012), e40503.

17. Ross, Robert, and I.N. Janssen, "Physical Activity, Total and Regional Obesity: Dose-response Considerations," *Medicine and Science in Sports and Exercise* 33:6 SUPP (2001), S521-S527.

18. Balboni, Clare, Oriana Bandiera, Robin Burgess, Maitreesh Ghatak, and Anton Heil, "Why Do People Stay Poor?" (2020). CEPR Discussion Paper No. DP14534.

19. Egger, Dennis, Johannes Haushofer, Edward Miguel, Paul Niehaus, and Michael W. Walker, "General Equilibrium Effects of Cash Transfers: Experimental Evidence From Kenya," No. w26600. National Bureau of Economic Research (2019).

20. Stanley, Thomas J., *The Millionaire Next Door: The Surprising Secrets of America's Wealthy* (Lanham, MD: Taylor Trade Publishing, 1996).

21. Corley, Thomas C., "It Takes the Typical Self-Made Millionaire at Least 32 Years to Get Rich," Business Insider (March 5, 2015).

22. Curtin, Melanie, "Attention, Millennials: The Average Entrepreneur is This Old When They Launch Their First Startup," Inc.com (May 17, 2018).

23. Martin, Emmie, "Suze Orman: If You Waste Money on Coffee, It's Like 'Peeing $1 Million down the Drain'," CNBC (March 28, 2019).

24. Rigby, Rhymer, "We All Have Worries but Those of the Rich Are Somehow Different," *Financial Times* (February 26, 2019).

25. Dunn, Elizabeth, and Michael I. Norton, *Happy Money: The Science of Happier Spending* (New York, NY: Simon & Schuster Paperbacks, 2014).

26. Pink, Daniel H, *Drive: The Surprising Truth about What Motivates Us* (New York, NY: Riverhead Books, 2011).

27. Matz, Sandra C., Joe J. Gladstone, and David Stillwell, "Money Buys Happiness When Spending Fits Our Personality," *Psychological Science* 27:5 (2016), 715-

725.

28. Dunn, Elizabeth W., Daniel T. Gilbert, and Timothy D. Wilson, "If Money Doesn't Make You Happy, Then You Probably Aren't Spending it Right," *Journal of Consumer Psychology* 21:2 (2011), 115-125.

29. Vanderbilt, Arthur T., *Fortune's Children: The Fall of the House of Vanderbilt* (New York, NY: Morrow, 1989).

30. Gorbachev, Olga, and María José Luengo-Prado, "The Credit Card Debt Puzzle: The Role of Preferences, Cedit Access Risk, and Financial Literacy," *Review of Economics and Statistics* 101:2 (2019), 294-309.

31. Collins, Daryl, Jonathan Morduch, Stuart Rutherford, and Orlanda Ruthven, *Portfolios of the Poor: How the World's Poor Live On $2 a Day* (Princeton, NJ: Princeton University Press, 2009).

32. "The Economic Value of College Majors," CEW Georgetown (2015).

33. Tamborini, Christopher R., ChangHwan Kim, and Arthur Sakamoto, "Education and Lifetime Earnings in the United States," *Demography* 52:4 (2015), 1383-1407.

34. "The Economic Value if College Majors," CEW Georgetown (2015).

35. "Student Loan Debt Statistics [2021]: Average + Total Debt," EducationData (April 12, 2020).

36. Radwin, David, and C. Wei, "What is the Price of College? Total, Net, and Out-of-Pocket Prices by Type of Institution in 2011-12," Resource document, National Center for Education Statistics (2015).

37. Brown, Sarah, Karl Taylor, and Stephen Wheatley Price, "Debt and Distress: Evaluating the Psychological Cost of Credit," *Journal of Economic Psychology* 26:5 (2005), 642-663.

38. Dunn, Lucia F., and Ida A. Mirzaie, "Determinants of Consumer Debt Stress: Differences by Debt Type and Gender," Department of Economics: Columbus, Ohio State University (2012).

39. Sweet, Elizabeth, Arijit Nandi, Emma K. Adam, and Thomas W. McDade, "The High Price of Debt: Household Financial Debt and its Impact on Mental and Physical Health," *Social Science & Medicine* 91 (2013), 94-100.

40. Norviltis, J.M., Szablicki, P.B., and Wilson, S.D., "Factors Influencing Levels of Credit-Card Debt in College Students," *Journal of Applied Social Psychology* 33 (2003), 935-947.

41. Dixon, Amanda, "Survey: Nearly 4 in 10 Americans Would Borrow to Cover a $1K Emergency," Bankrate (January 22, 2020).

42. Kirkham, Elyssa, "Most Americans Can't Cover a $1,000 Emergency With Savings," LendingTree (December 19, 2018).

43. Athreya, Kartik, José Mustre-del-Río, and Juan M. Sáncgez, "The Persistence of Financial Distress," *The Review of Financial Studies* 32:10 (2019), 3851-3883.

44. Shiller, Robert J. "Why Land and Homes Actually Tend to Be Disappointing Investment," *The New York Times* (July 15, 2016).

45. Bhutta, Neit, Jesse Bricker, Andrew C. Chang, Lisa J. Dettling, Sarena Foodman, Joanne W. Hsu, Kevin B. Moore, Sarah Reber, Alice Henriques Volz, and Richard Windle, "Changes in US Family Finances from 206 to 2019: Evidence From the Survey of Consumer Finances," *Federal Reserve Bulletin* 106:5 (2020).

46. Eggleston, Jonathan, Donald Hayes, Robert Munk, and Brianna Sullivan, "The Wealth of Households: 2017," U.S. Census Bureau Report P70BR-170 (2020).

47. Kushi, Odeta, "Homeownership Remains Strongly Linked to Wealth-Building," First American (November 5, 2020).

48. "What is a Debt-to-Income Ratio? Why is the 43% Debt-to-Income Ratio Important?" Consumer Financial Protection Bureau (November 15, 2019).

49. Bengen W.P., "Determining Withdrawal Rates Using Historical Data," *Journal of Financial Planning* 7:4 (1994), 171-182.

50. Kitces, Michael, "Why Most Retirees Never Spend Their Retirement Assets," Nerd's Eye View, Kitces.com (July 6, 2016).

51. Bengen, William, Interview with Michael Kitces, *Financial Advisor Success Podcast* (October 13, 2020).

52. "Spending in Retirement," J.P. Morgan Asset Management (August 2015).

53. Fisher, Jonathan D., David S. Johnson, Joseph Marchand, Timothy M.

Smeeding, and Marbara Boyle Torrey, "The Retirement Consumption Conundrum: Evidence From a Consumption Survey," *Economics Letters* 99:3 (2008), 482-485.

54. Robin, Vicki, Joe Dominguez, and Monique Tilford, *Your Money or Your Life: 9 Steps to Transforming Your Relationship with Money and Achieving Financial Independence* (Harmondsworth: Penguin, 2008).

55. Zelinski, Ernie J., *How to Retire Happy, Wild, and Free: Retirement Wisdom That You Won't* (Visions International Publishing: 2004).

56. O'Leary, Kevin, "Kevin O'Leary: Why Early Retirement Doesn't Work," YouTube video, 1:11 (March 20, 2019).

57. Shapiro, Julian, "Personal Values," Julian.com.

58. Maggiulli, Nick, "If You Play With FIRE, Don't Get Burned," Of Dollars And Data (March 30, 2021).

59. "Social Security Administration," Social Security History, ssa.gov.

60. Roser, M., Ortiz-Ospina, E., and Ritchie, H., "Life Expectancy," ourworldindata.org (2013).

61. Hershfield, Hal E., Daniel G. Goldstein, William F. Sharpe, Jesse Fox, Leo Yeykelis, Laura L. Cartensen, and Jeremy N. Bailenson, "Increasing Saving Behavior Through Age-Progressed Renderings of the Future Self," *Journal of Marketing Research* 48 SPL (2011), S23-S37.

62. Fisher, Patti J., and Sophia Anong, "Relationship of Saving Motives to Saving Habits," *Journal of Financial Counseling and Planning* 23:1 (2012).

63. Colberg, Fran, "The Making o a Champion," Black Belt (April 1975).

64. Siegel, Jeremy J., *Stocks for the Long Run* (New York, NY: McGraw-Hill, 2020).

65. Dimson, Elroy, Paul Marsh, and Mike Staunton, *Triumph of the Optimists: 101 Years of Global Investment Returns* (Princeton, NJ: Princeton University Press, 2009).

66. Biggs, Barton, *Wealth, War and Wisdom* (Oxford: John Wiley & Sons, 2009).

67. U.S. Department of the Treasury, Daily Treasury Yield Curve Rates (February 12, 2021).

68. Asness, Clifford S., "My Top 10 Peeves," *Financial Analysts Journal* 70:1 (2014), 22-30.

69. Jay Girotto, interview with Ted Seides, Capital Allocators, podcast audio (October 13, 2019).

70. Beshore, Brent (@brentbeshore). 12 Dec. 2018, 3:52 PM. Tweet.

71. Wiltbank, Robert, and Warren Boeker, "Returns To Angel Investors In Groups," SSRN.com (November 1, 2007); and "Review of Research on the Historical Returns of the US Angel Market," Right Side Capital Management, LLC (2010).

72. "Who Are American Angels? Wharton and Angel Capital Association Study Changes Perceptions About the Investors Behind U.S. Startup Economy," Angel Capital Association (November 27, 2017).

73. Altman, Sam, "Upside Risk," SamAltman.com (March 25,2013).

74. Max, Tucker, "Why I stopped Angel Investing (and You Should Never Start)," Observer.com (August 11, 2015).

75. Wiltbank, Robert, and Warren Boeker, "Returns To Angel Investors In Groups," SSRN.com (November 1, 2007).

76. Frankl-Duval, Mischa, and Lucy Harley-McKewon, "Investors in Search of Yield Turn to Music-Royalty Funds," *The Wall Street Journal* (September 22, 2019).

77. SPIVA, spglobal.com (June 30, 2020).

78. Bessembinder, Hendrik, "Do Stocks Outperform Treasury Bills?" *Journal of Financial Economics* 19:3 (2018), 440-457.

79. West, Geoffrey B., *Scale: The Universal Laws of Life, Growth, and Death in Organisms, Cities, and Companies* (Harmondsworth: Penguin, 2017).

80. Kosowski, Robert, Allan Timmermann, Russ Wermers, and Hal White, "Can Mutual Fund 'Stars' Really Pick Stocks? New Evidence from a Bootstrap Analysis," *The Journal of Finance* 61:6 (2006), 2551-2595.

81. "The Truth About Top-Performing Money Managers," Baird Asset Management, White Paper (2014).

82. Powell, R., "Bernstein: Free Trading is Like Giving Chainsaws to Toddlers," The Evidence-Based Investor (March 25, 2021).

83. Stephens-Davidowitz, Seth, *Everybody Lies: Big Data, New Data, and What the Internet Can Tell Us About Who We Really Are* (New York, NY: HarperCollins, 2017).

84. Rosling, Hans, *Factfulness* (Paris: Flammarion, 2019).

85. Buffett, Warren E., "Buy American, I Am," *The New York Times* (October 16, 2008).

86. "Asset Allocation Survey," aaii.com (March 12, 2021).

87. 這是在1926年至2020年期間每月投資於美國股市十年的成果中位數。

88. 更多細節，請見：ofdollarsanddata.com/in-defense-of-global-stocks.

89. Zax, David, "How Did Computers Uncover J.K. Rowling's Pseudonym?" Smithsonian Institution, Smithsoniam.com (March 1, 2014).

90. Hern, Alex, "Sales of 'The Cuckoo's Calling' surge by 150,000% after JK Rowling revealed as author," *New Statesman* (July 14, 2013).

91. Kitces, Michael, "Understanding Sequence of Return Risk & Safe Withdrawal Rates," Kitces.com (October 1, 2014).

92. Frock, Roger, *Changing How the World Does Business: FedEx's Incredible Journey to Success — The Inside Story* (Oakland, CA: Berrett-Koehler Publishing, 2006).

93. Anarkulova, Aizhan, Scott Cederburg, and Michael S. O'Doherty, "Stocks for the Long Run? Evidence from a Broad Sample of Developed Markets," ssrn.com (May 6, 2020).

94. Zilbering, Yan, Colleen M. Jaconetti, and Francis M. Kinniry Jr., "Best Practices for Portfolio Rebalancing," Valley Forge, PA: The Vanguard Group.

95. Bernstein, William J., "The Rebalancing Bonus," www.efficientfrontier.com.

96. Beownlee, W. Elliot, *Federal Taxation in America* (Cambridge: Cambridge University Press, 2016).

97. Leohardt Megan, "Here's What the Average American Typically Pays in 401(k) Fees," CNBC (July 22, 2019).

98. Witt, April, "He Won Powerball's $314 Million Jackpot. It Ruined His Life," *The Washington Post* (October 23, 2018).

99. Luce, Edward, "Lloyd Blankfein: 'I Might Find It Harder to Vote for Bernie

than for Trump'," *Financial Times* (February 21, 2020).

100. Saez, Emmanuel, and Gabriel Zucman, "Wealth Inequality in the United States Since 1913: Evidence from Capitalized Income Tax Data," *The Quarterly Journal of Economics* 131:2 (2016), 519-578.

101. Karadja, Mounir, Johanna Mollerstrom, and David Seim, "Richer (and Holier) Than Thou? The Effect of Relative Income Improvements on Demand for Redistribution," *Review of Economics and Statistics* 99:2 (2017), 201-212.

102. Jackson, Matthew O., *The Human Network: How Your Social Position Determines Your Power, Beliefs, and Behaviors* (New York, NY: Vintage, 2019).

103. "Global Wealth Report 2018," Credit Suisse (October 18, 2018).

104. Peter Attia, "Reverse Engineered Approach to Human Longevity," YouTube video, 1:15:37 (November 25, 2017).

105. Guvenen, Fatih, Fatih Karahan, Serdar Ozkan, and Jae Song, "What Do Data on Millions of US Workers Reveal About Life-cycle Earnings Dynamics?" FRB of New York Staff Report 710 (2015).

106. Schwandt, Hannes, "Human Wellbeing Follows a U-Shape over Age, and Unmet Aspirations Are the Cause," British Politics and Policy at LSE (August 7, 2013).

107. Rauch, Jonathan, *The Happiness Curve: Why Life Gets Better After 50* (New York, NY: Thomas Dunne Books, 2018).

國家圖書館出版品預行編目(CIP)資料

持續買進 / 尼克‧馬朱利 (Nick Maggiulli) 著 ; 李芳齡譯.
-- 初版. -- 臺北市 : 城邦文化事業股份有限公司商業周刊,
2023.06
　面 ;　公分
譯自 : Just keep buying : proven ways to save money and
　　　build your wealth.
ISBN 978-626-7252-71-0(平裝)

1.CST: 投資　2.CST: 投資技術　3.CST: 投資分析

563.53　　　　　　　　　　　　　　　112007324

持續買進

作者	尼克·馬朱利 Nick Maggiulli
譯者	李芳齡
商周集團執行長	郭奕伶
商業周刊出版部	
責任編輯	林雲
封面設計	winder chen
內文排版	林婕瀅
校對	呂佳真
內頁圖片版權	Picture Copyright © Harriman House Ltd.
出版發行	城邦文化事業股份有限公司 商業周刊
地址	115020 台北市南港區昆陽街16號6樓
	電話：(02)2505-6789　傳真：(02)2503-6399
讀者服務專線	(02)2510-8888
商周集團網站服務信箱	mailbox@bwnet.com.tw
劃撥帳號	50003033
戶名	英屬蓋曼群島商家庭傳媒股份有限公司城邦分公司
網站	www.businessweekly.com.tw
香港發行所	城邦（香港）出版集團有限公司
	香港灣仔駱克道193號東超商業中心1樓
	電話：(852)2508-6231　傳真：(852)2578-9337
	E-mail：hkcite@biznetvigator.com
製版印刷	中原造像股份有限公司
總經銷	聯合發行股份有限公司　電話：(02)2917-8022
初版1刷	2023年6月
初版75刷	2024年8月
定價	400元
ISBN	978-626-7252-71-0（平裝）
EISBN	9786267252697（PDF）
	9786267252703（EPUB）

藍學堂

學習・奇趣・輕鬆讀